MEKONG
THE LAST RIVER
メコン・ザ・ラストリバー
無垢なる大河　旅の記憶

青柳健二

イカロス出版

メコン河流域
青海省
瑪多
通天河（揚子江）
黄河
莫雲
唐古拉山脈
雑多
玉樹
扎曲
昌都
チベット自治区
成都
四川省
長江（揚子江）
漢江
梅里雪山
中国
カチン州
瀾滄江
大理
昆明
雲南省
西江
漫湾ダム
臨滄
シャン州
思茅
瀾滄
西双版納
打洛
勐臘
ミャンマー
チェントン
景洪
ポテン
ソンホン川
ハノイ
タチレク
ファイサイ
メーサイ
パクベン
チェンライ
ルアンプラバン
トンキン湾
ゴールデントライアングル
（黄金の三角地帯）
チェンコーン
ラオス
海南島
チェンマイ
ビエンチャン
エーヤワディー川
サルウィン川
ノンカイ
メコン河
ヤンゴン
コラート台地
サバナケット
タイ
アンナン山脈
ウボンラチャタニ
パクセ
チャオプラヤ川
インドシナ半島
コーン
バンコク
シソフォン
アンコール
シエムリアプ
ベトナム
トンレサップ湖
カンボジア
アンダマン海
プノンペン
ホーチミン
チャウドック
ミトー
タイランド湾
ロンスエン
カントー
メコン河口
フーンヒエップ
ソクチャン
カーマウ
南シナ海
バクリュー

第一章

源流域

中国・青海省、雲南省

上／メコン源流を目指す途中、玉樹（ユイシュー）から雑多（ザドウ）の途中には切り立った山もそびえる
下／チベット高原の平均標高は4000m。満月が低地以上に冴えわたって見える

メコン河の源流部、扎那曲（ザナチュ）河畔には鷲の姿も見られる。
ここでは行なわれていないが、チベット族には鳥葬の習俗もある

〈前見開き〉
案内人が連れていってくれたところは、地元のチベット人が信じる
大切な水場である扎那曲（ザナチュ）の源流。聖山ホホジョディーの
麓にある。写真に映っているのは私が乗った馬と案内人

チベット人女性は髪飾りなどを代々受け継ぐ。トルコ石、サンゴ、メノウ、ヒスイなどを使った、地方によってさまざまな髪飾りがある

〈前見開き〉
ヤクの毛はテントの材料になり、肉は食料、乳でつくるバターは食材や灯明、糞は燃料になる。厳しい環境でも彼らの生活が成り立っているのは、ヤクという家畜がいるからだ。夕方、女の子が投石ひもを振りまわして石を放り、ヤクを追って放牧から戻ってきた

〈右ページ〉
朝の重要な仕事のひとつ、ヤクの乳搾り。顔に深い皺を刻んだ、見るからにたくましそうな年かさの女は、子どもヤクに母親ヤクの乳首をちょっと吸わせ、乳の出をよくしてから搾り始めた

上／自然に発酵させたヤクの乳を木桶に入れ、棒で1000回ほど上下させるとバターが浮いてくる
中／チベット人の主食は麦焦がしの粉「ツァンパ」。これをバター茶に練り混ぜて食べる
下／塩茹でしたヤクの肉。塊を持ち、片方の手のナイフで一口大に切りながら頬張る

〈右ページ〉
メコン河最源流域の地に住むチベット族の牧畜民。彼らの天幕住居「バー」の中のかまどでは、ヤクの糞を燃やして炊事し、暖房する

標高4700 mの源流域では、夏でも雪が降る。それでも、晴れた日と変わりなく、牧畜民の女たちはヤクの世話をし、河床まで下りていって冷たい水で洗濯をしていた

〈左ページ〉
雪の降りしきるなか、「私は寒くないよ」と言いながらヤクの乳を搾る。このあと、攪拌した乳からバターを取り、残った液体からはチーズをつくる

雑多（ザドウ）郊外で、ヤク100頭、羊80頭を飼い、天幕住居で暮らす家族。町までの行き来には自転車を使う。チベット族はメコン流域では青海省から雲南省北部にかけて住んでいる。雲南省のチベット族は畑作も営んでいて、夏には輸出用の松茸も収穫する

〈前見開き〉
チベット語で扎曲（ザチュ）と呼ばれるメコン河は、源流部であっても、雨が降ったあとは茶褐色に濁ってしまう。ここから南シナ海までは4000kmもある

〈左ページ〉
メコン河沿いの道を伝って、雑多（ザドウ）まで羊毛を売りにきたキャラバン隊。彼らは1年に4回ほど町に下りてきて羊毛を売り、得たカネで主食のツァンバと小麦粉などを買って帰る

チベット寺院、結古寺(ジェグ・ゴンパ)の僧房は丘の上にあるため、
僧侶は荷車に載せたドラム缶を馬に引かせ、下にある水場へ向かう

〈前見開き〉
玉樹(ユイシュー)の結古寺(ジェグ・ゴンパ)。ここも文化大革命のときには破壊されて今も爪痕が生々しく残る。寺の再建が始まっている

〈右ページ〉
チベット仏教は宗派が4派(ゲルク、ニンマ、カギュー、サキャ)あり、13世紀に創建された結古寺はサキャ派に属する

カイラス山と並ぶチベット仏教の聖地、雲南省の梅里雪山（メイリーシュエシャン）。最高峰は6740m。このあたりは三江（メコン、長江、サルウィン）併流と呼ばれる

保山（バオシャン）付近を流れる瀾滄江（ランツァンジャン）。雲南北部では峡谷を流れ、少数民族の集落は点在するが大きな町ができることはなかった

上／雲南省西部、ミャンマーとの国境沿いに住むリス族。ミャンマーから伝わったキリスト教を信仰する者もいて、村には小さな教会もある
下／菜の花畑を行くリス族の夫婦

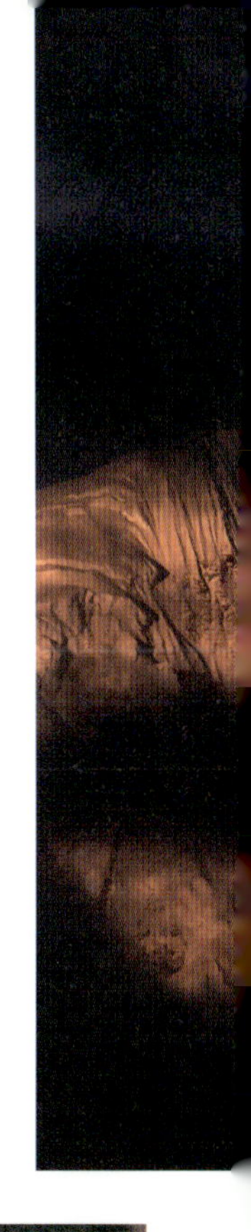

イ族は雲南・四川・貴州省などに住み、人口は約658万(1990年)。
ほとんどは山岳地帯に住み、中国では7番目に人口が多い民族

年に一度のイ族の祭り「服装節」で、輪になって踊る女性たち。刺繍を施した普段着とは違う美しい民俗衣装で着飾っている。ある村で「あなたはどうして日本の民俗衣装を着ていないのですか?」と聞かれた

「服装節」の会食で使うヤギ肉は大鍋で煮るが、けっこう脂が多く、食べたあとは唇が蠟を塗ったように固まる

洱海（アルハイ）湖畔のペー族の集落。周りは、雨季（夏）には一面水田になるが、乾季（冬）には黄色の菜の花畑と緑色のソラマメ畑になる

ペー族の村を歩く長いキセルを持った老人と少年。壁は日干しレンガを積み上げてつくってある

洱海（アルハイ）で行なわれているペー族の鵜飼い。鵜はつながない放し鵜飼いだが、喉元を緩く紐で縛って魚を呑み込めないようにする

ペー族結婚式の儀式前の新郎と新婦。新郎のほうが緊張気味だったようで、こちらにまでその緊張感が伝わってきた

〈右ページ〉
ペー族の葬式。村はずれの見晴らしのいい高台にある墓地まで棺桶を担ぎあげる男たち。このあと、棺は土に埋められた

新築の棟上げ式では、棟梁が上からマントウを撒く。中に5分硬貨が入っていた。日本でも5円硬貨が入っていたのを思い出す

上／大理（ターリー）の秋は稲刈りのシーズンだ。まだ機械はないのですべて鎌で手刈りする。このあと、水田は畑に変わる
下／脱穀作業が行なわれる。大理では米が主食であり、名物「米線（ミーシェン）」は、米からつくるヌードルだ

〈左ページ〉
刈った稲を田んぼに広げて自然乾燥させる。一連の農作業は日本にも似ていて、稲の匂いも懐かしさを倍増させる

龍船競漕は村対抗戦で行なわれる。オールで水面を叩いて喜びを爆発させる勝利チーム

〈前見開き〉
タイ族の新年行事「水かけ祭り」。景洪（ジンホン）の瀾滄江（ランツァンジェン）河畔は多くの見物客で賑わった。一年で一番暑い時期で、日差し除けにみんな傘をさしている

〈左ページ下〉
「水かけ祭り」の3日間は、龍船競漕、竹製ロケットの打ち上げ、闘鶏などが行なわれ、最終日に、いのちの源を意味する水をかけ合って新年を祝う。本来はかける相手を祝福するための儀式だったが、今では水道だけでは足りずに、荷台にシートを張ったトラックでメコン河から水を運んでくるほどの加熱ぶりで、漢族や外国人観光客も参加して、まるで日頃の鬱憤を晴らすかのようにずぶ濡れになって楽しむ。なお、ミャンマー、ラオス、タイ、カンボジアでも4月中旬に新年を祝う。これらの国々でも場所によっては同じように水をかけ合う

乾季の終わり、4月中旬の最も暑い時
期に「水かけ祭り」は繰り広げられる

西双版納(シーサンパンナ)南部のプーラン族集落。外国人が初めて来たらしく、村人が集まってきて頭から足元まで私を珍しそうに観察した

〈前見開き〉
雲南省南部、ミャンマーとの国境に近い山間部に住むラフ族。平地の村で7日ごとに開かれる市のために、早朝、村から3時間かけて歩いてきた

〈次見開き〉
雲南省南端、西双版納タイ族自治州の州都景洪(ジンホン)の下流でメコン河を渡るタイ族。ここから300km下れば、ゴールデントライアングルに出る。1990年10月に小型貨物船4隻が初めて雲南省からラオスのビエンチャンまで航行した

上／日本の「結」のような慣習があり、プーラン族の新築式では村の男たちが総出で瓦を葺いて一日で屋根を仕上げた
下／プーラン族の男の子の賢い水の運び方を見た。ほかに、子どもたちは独楽や竹馬を手づくりして遊んでいる

ハニ族が住んでいる山の斜面には普洱（プアル）茶になる茶葉
が栽培されていて、その収穫が彼女たちの現金収入になる

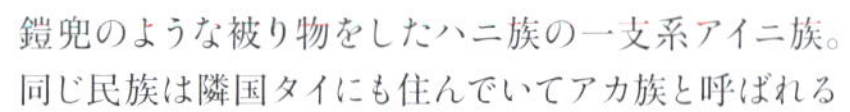

鎧兜のような被り物をしたハニ族の一支系アイニ族。
同じ民族は隣国タイにも住んでいてアカ族と呼ばれる

コングー族の小学校。政府から派遣されたタイ族が村に泊まりながら先生をつとめる

山で採れた山菜など
を定期市場で売って、
医薬品や刺繍糸など
を買って帰るアク族

〈次見開き〉
この竹橋は河に浮かせてあり、流され
ないようにワイヤーで留めてある。この
タイプの橋は、雲南省南部以外では見
かけなかった。ひどい臭いがすると思っ
たら子豚の水死体がひっかかっていた

序章

ビンは投げられた

濁流が渦巻く河辺に立ち、手に持ったプラスチック製のミネラルウォーターのビンを、河の真ん中目指して力いっぱい投げつけた。ビンは河に着水するとすぐに下流のほうへ滑るように流れていった。私の後ろでは、車の窓から顔を出したドライバーのワンさんがいぶかしげな顔をし、ガイドのリーさんは笑っている。リーさんがワンさんに事情を話しているのが聞こえた。

「あのビンを下流のベトナムで拾うんだって」

それを聞いてワンさんは呆(あき)れたという顔をして私を見ている。

私だって、ここで投げたビンが下流のベトナムで拾えるなどと、本気で考えていたわけではない。ここ青海省(チンハイ)の雑多(ザドウ)から河口までは四〇〇〇キロ以上の距離があり、あのビンも急流や滝で壊されるかもしれないし、浅瀬に乗り上げるかもしれない。でも、可能性はゼロではないし、とにかくやってみたかったのだ。

自分では拾えなくとも、ビンのなかに入れた「これを拾った人は次の住所に連絡ください」と英語、中国語、日本語で書いた手紙を見ただれかが、連絡をくれるかもしれない。

手紙をくれる人はどんな人だろう。水を汲みにきたタイ族の娘だろうか。魚を捕っていたラオスのおじさんだろうか。それとも河で泳いでいたベトナムの子どもだろうか。そんなことを想像するのも楽しい。もっともそのとき私は、下流の雲南(ユンナン)省雲県(ユンチェン)に漫湾(マンワン)ダムがあることをすっかり忘れていた。

雲南を知り、メコンを知る

私の旅は大学時代から始まった。大学四年生の五月の末に、二カ月間の予定でヨーロッパに旅立った。夏休みまでに帰ってくれれば、就職活動には間に合うはずだった。しかし、結局ヨーロッパには八カ月もいてしまい、一年留年する羽目になった。今でこそ外国旅行などは珍しくはないが、私が日本を離れた一九八〇年頃は、大袈裟にいえば「生きて帰ってこいよ」というのが挨拶になる、そんな時代だった。

日本を出た途端、今まで自分を縛りつけていた何物かから解放されたような気分がした。そして旅先で出会った旅行者と話をしているうちに、大学を卒業したら就職して、一生を終わるという生き方以外の生き方があることに、遅まきながら気づかされた。

それで大学のことも就職のことも忘れて、旅行を楽しみ、果ては予定の二カ月が過ぎても帰る気をなくしてしまっていた。旅費がそれほどあるわけではないので、何かのアルバイトをしなければならなくなった。

スペインの地中海沿いの村では、スペイン人の学生に混じってローマ時代の遺跡発掘のアルバイトをし、秋には、南フランスでワインのためのブドウ摘み、寒くなってからは、パリのレストランでギャルソン（ウェイター）のアルバイトをした。

ギャルソンをしていたときに、暇をみつけてはよく近くの本屋に行ったが、フランス語がよくわからないので、立ち読みする本は画集か写真集が多かった。

ある日、エジプトのシナイ半島を取材した写真集が私の目を射た。その本の奥付を見ると、ある日本人写真家の作品だった。日本人でもこんな人がいるのか、写真というのは言葉を超えた世界共通語になるんだなと思い、そのときから写真に興味をもった。かといって、すぐに写真を撮り始めたわけではなく、やがて日本に帰ってからも相変わらず、何をやりたいのか、将来どうやって食べていくのかも定まらないまま、一年遅れで大学を卒業した。もはや普通に就職する気は全然なく、再び外国に旅行することだけを考えていた。

第二回目の、北アフリカ・中東・アジアの半年にわたる旅行では、一眼レフのカメラを一台持っていったが、二〇本のフィルムを撮っただけだった。本格的に写真を撮り出したのは、一九八四年の中国旅行の頃からだ。そのときは新疆（シンチアン）ウイグル自治区を旅した。そして翌年は、雲南省の大理（ターリー）というところに一カ月滞在した。これも、偶然のことでしかない。だいたいにして大理という名前は「大理石」で知っているだけで、実際そういう名前の町が雲南に存在することなど知りもしなかった。たまたま観光地で有名な桂林（コイリン）に滞在したとき、三〇人部屋という広いドミトリーで同室になった日本人旅行者から、

「雲南に、大理という町があって、すごくいいところらしいよ」

と聞き、それなら行ってみようかな、と思ったのだった。

行ってみるとなるほど大理はおもしろいところで、一カ月も滞在することになった。そのときから、雲南に住む少数民族に興味をもって中国や日本で手に入る本を片っ端から読むようになり、のめり込んでいった。雲南省へ通い、一年のうち二、三カ月滞在する、そんなことが何年か続いた。いくつもの村を訪ねて食事をご馳走になったり、泊まらせてもらったり、結婚式に参列したり、学校で英語を教えたりした。

雲南に通い始めて二年目の一九八六年四月、西双版納（シーサンパンナ）でタイ族の新年行事である「龍船競漕（ボートレース）」を見る機会があった。このとき初めて、現地で「瀾滄江（ランツァンジャン）」と呼ばれるメコン河を目にしたわけだが、そのとき「メコン」という響きに言い知れぬロマンを感じた。こうして私の興味は、やがて雲南からメコンの上流であるチベット高原や、

下流であるインドシナ半島にも広がっていった。
ただ、その地域はなかなか個人で自由に旅行ができる場所ではなかった。とくに上流部は、地形が険しく、人と物の行き来を妨げ、インドシナ半島は、政治的・民族的な対立によって紛争が絶えなかった。それまで本格的に開発されたことがなかったのだ。
ようやく一九九〇年代に入って、世界を二分していた東西冷戦構造が崩れ、それにともなってインドシナにも一応の平和が訪れた。政府は外国人にも門戸を開き、比較的自由に旅行ができるようになった。かくして私は、念願のメコンへの旅を実行することができたのである。

多くの名をもつメコン

メコン河は、中国青海省とチベット自治区の境界をなす唐古拉(タングラ)山脈、青海省玉樹(ユイシュー)チベット族自治州雑多県の標高約五〇〇〇メートルの山を源とする。源流から河口までは四二〇〇キロ、六つの国を通過する国際河川で、東南アジアではもちろん最長、世界でも有数の大河である。
ここでは、メコンは「扎曲(ザチュ)」あるいは「扎那曲(ザナチュ)」と呼ばれている。「扎曲」は源流から約一四〇キロ下った最初の町、雑多を過ぎると、南東の方向に流れ、やがてチベット自治区の昌都(チャムド)に達する。この町のすぐ南で、支流の昂曲といっしょになるが、メコンはここから「瀾滄江」と呼ばれるようになる。「瀾滄江」はチベット自治区から雲南省に入り、雲南省を縦断する。
中国を出ると「メコン」と名を変え、ミャンマーとラオスの国境を流れる。やがてタイに達するが、このタイ、ラオス、ミャンマーの三カ国が接する地点が「ゴールデントライアングル」である。ここからは、タイとラオスの国境を流れるが、間もなくラオス国内に入っていく。ラオスの古都ルアンプラバンを通過し、ビエンチャンの手前で再びタイとラオスの国境をつくり、これがカンボジア国境手前まで続く。「コーンパペーン」などのメコンの滝を過ぎるとカンボジアだ。ここではメコンのことは「メーコン」あるいは「トンレ・トム（偉大な河）」と呼ばれる。メコンは、プノンペンで支流のトンレサップ川が流入し河端が最大となるが、しかし、すぐにふたつの流れ、メコンとバサックに分かれる。ベトナムに入ったふたつの河は、さらにいくつもの流れに分かれ、最終的には「クーロン（九龍）」と呼ばれるいくつもの流れになって南シナ海に注ぎ、源流からの四二〇〇キロの旅は終わる。

私はこのメコンの旅を、雲南省を別にすれば、まず源流域の中国青海省雑多県から始めたが、旅行事情のために、かならずしも流れに沿って旅をすることはできなかった。メコン沿いに道がずっと続いているわけではなく、結局点をつなぐしかない場所もあったし、外国人に開放されたといっても、まだどこへ行っても自由というわけではなかったからだ。

本書は、メコンを縦軸にしながら、その旅の途中で私が見聞したチベットからインドシナ半島にかけて暮らす人びとのスケッチ、少し大袈裟にいえば人間紀行というべきものである。

メコン源流へ

雑多の町

峡谷を走り抜け、メコンの本流に出たときには、あたりは真っ暗になっていた。源流を見てどんな感慨をもつだろうかと期待していたのだが、暗くてはどうしようもない。ただ、メコンに沿った道であるらしいことがわかっただけで、谷底に水が流れているのかどうかさえ見えなかった。

いつの間にか、雨が降ってきた。車のヘッドライトに照らされた雨。ときどき前方を横切る蛾（が）たち……。雨は本格的になり、車は水溜まりの泥を跳ねあげながら進んでいく。まるで車のライトに引かれる蛾のように、ドライバーのワンさんもひたすらスピードを上げ、雑多（ザドウ）に引き寄せられているようだった。しかし、それは彼だけではなかったろう。今朝からもうすでに一〇時間も車に乗っているのだ。途中の道はもちろん未舗装で、しばしば車の天井に頭をぶつけるくらいひどい道だった。みんなの疲れは限界に達していたし、早く宿で休みたいと思うのは当然といえる。しかし依然として見えるのは、ライトに照らされた泥の道だけだった。

それから一時間ほどして、ようやく雑多に到着したようだった。雨に濡れた日干しレンガの壁が、車のライトに照らし出される。それにしても、町と呼ぶにはあまりにも寂しいところだった。メインストリートはメコンと平行に走っているらしいが、ほとんどの建物は暗く、明かりが漏れていない。街灯はなく、人など住んでいるのだろうかと不安になるくらいだ。雨はみぞれ混じりになり、なお激しく降り続け、気温もだいぶ下がってきた。
メインストリートを行ったり来たりして、ようやく招待所を捜し当て、門を開けてもらって車を入れる。私が泊まることになった部屋は八畳ほどの広さの土間で、漆喰の壁は汚れていて、ところどころ漆喰がはげ落ちて土が覗（のぞ）いている。ふたつの簡易ベッドと、古ぼけたダルマストーブが置いてあるだけの、お世辞にも綺麗とはいえない部屋だったが、もちろんそれは承知していたことだ。こういう汚い部屋に泊まることで、最果ての地に来たことを実感し、むしろワクワクした気持ちになってくる。

西寧（シーニン）の旅行社で手配してくれた車のドライバーはワンさん、ガイドはリーさんという。どちらも二〇歳代の漢民族の青年だった。
一九九二年七月、西寧を出た私たちの車は、標高三五〇〇メートルの日月山口（リーユイシャンコウ）という峠を通って、チベットの世界に入った。この峠は東の農耕文化と西の牧畜文化を分ける分水嶺にもなっている。古くは赤嶺と呼ばれていたこの峠には、七三四年、唐と吐蕃（トバン）との国境として碑が建てられた。
一泊目は瑪多（マドウ）、二日目は玉樹（ユイシュー）チベット族自治州の州都玉樹（ユイシュー）に泊まり、そして三日目の夜、ようやく雑多に到着したのである。西寧から雑多まで、一〇六二キロ。途中、中国の二大河川、黄河と長江（通天河）を渡った。ふたつの大河の源流はいずれもチベット高原にあり、それぞれの最初の水は比較的近いところから流れ出ているのである。
翌朝起きたときには、雨は上がっていた。ひんやりした空気が心地好かった。山の頂には純白の雪が被っていて、チベットの山奥に来たことを実感させる。
雑多に着いたのは夜も遅かったので、どんなところかわからなかったが、想像した通り、メインストリートが一本あるだけの、まるで映画のセットのように、妙に生活感の薄い町並みだった。「清真」と看板を掲げたイスラム教徒のレストランがいくつかあった。よそから移ってきたホエ族かサラ族だろう。しかし、町を歩いているのはチベット族が多く目につく。
青海省の南西部に位置する玉樹チベット族自治州雑多県は、総人口三万八八六人（一九九四年）、住民のほとんどは牧畜業を営むチベット族だ。人口密度は〇・八人／平方キロ。私の現住所になっている東京都杉並区の同年の人口密度は約一万五〇〇〇人／平方キロだから、二万分の一ほどの密度だ。いかに人間が少ないかがわかるだろう。いや、逆に、こんな厳しい環境であっても、人間は〇・八人／平方キロの密度で生活していることに驚くべきかもしれない。実際あとで周辺の山々を望遠レンズを覗いて感じたのは「ずいぶん人が住んでいるな」という印象だった。人間の絶対数はもちろん少ないのだが、人間を養えるその土地のもっている扶養力を考えると、チベット高原といえども、もはや人口過密状態なのではないかと思える。
招待所から二〇〇メートルほど歩くと道が左に折れ、そこが扎曲に架かる橋だった。このあたりではメコン河のことを扎曲と呼んでいる。そこから見る扎曲は下流のメコン河と同じで、泥色の「メコン色」をしていた。想像したよりも河幅が広い。橋の長さは一〇〇メートル、河幅は八〇メートルくらいはあるだろう。
河を挟んだ、町と反対側の山の斜面に上って町全体の写真を撮ることにした。雑多は玉樹よりさらに高所にあるため、わずか一メートル上るのにもカメラがやけに重く感じられて、ゼーゼーと息を切らしてあえいで上る羽目になった。日向ぼっこをしている老人、家畜を追っている子ども、売店の商品棚を整理している娘など、見慣れた光景が展開しているので、標高が四二〇〇メートルあることを忘れ、つい低地と同じように行動してしまう。
招待所では、歯磨きさえも一仕事だった。大袈裟に聞こえるかもしれないが、歯ブラシを動かすと息切れがするのだ。富士山の上空四〇〇メートルの雲の上で、歯磨きをしているのと同じなのだから。

チベット族の「バー」

私たちは雑多近くで見かけたあるチベット族を訪ねた。扎曲河畔の草地にある、ヤクの黒い毛で編んだ天幕住居だった。地元ではこの天幕住居のことをチベット語で「バー」と呼んでいる。「バー」に近づくと、なかから主人らしい人物が現れた。六七歳になるシャーミンツァイさんという男性だった。

「バー」のなかの、かまどの近くには乾いたヤクの糞が積んであった。娘たちがヤクの乳を搾ってきて「バー」のなかに運び込み、シャーミンツァイさんの奥さんは、それを木製の筒に注ぎ入れ、棒で攪拌していた。こうやってバターをつくるのである。

表に出されたジュウタンの上でバター茶をご馳走になり、そのあと、どんぶり一杯の出来たてのヨーグルトをご馳走になる。私はヨーグルトに目がないほうで、全部食べてしまったが、漢族のリーさんとワンさんは、よく食べられるなあという顔をして、私の食べっぷりを感心して眺めていた。彼ら漢民族の味覚がチベット族とは違うという理由だけではなく、衛生状態が良くないから食べないという気持ちも本音としてあるようだ。たしかにヨーグルトを入れたどんぶりは雑巾のような汚い布切れで拭いていたし、とくに色白で見るからに都会育ちのボンボンという感じのリーさんには、嫌悪感が走るのだろう。実は私もその点が気にならないわけではなかった。ただ彼らと違うのは「食い意地が張っている」ことだろう。こんなさわやかな場所で、トロッとした舌触りも滑らかな新鮮なヨーグルトを食べるという至福の時を得られるなら、多少腹を下すことなど大した問題ではない。

シャーミンツァイさんには四人の娘と三人の息子、それに孫がいる。季節の移り変わりとともに「バー」も移動するのが、牧畜を営む一般的なチベット族の生活だと聞いていたので、「いつ次の草地に移動するのですか?」と尋ねてみた。

「オレの母親は八七歳の高齢だから、移動はしないで、一年中ここに『バー』を張って暮らしているよ」シャーミンツァイさんは言う。

「バー」の入り口には、彼の母親がイスに座って、念仏を唱えていた。皺だらけの顔を真っ直ぐ前に向け、右手でマニ車を回し、左手で数珠をまさぐりながら、ひたすら「オムマニペメフム……」と真言を繰り返す。マニ車のなかには経文を印刷した紙が納められていて、この円筒を右回りに回転させると真言を唱えたのと同じ功徳があると信じられているものである。真言の「オムマニペメフム」とは「蓮の花に幸あれ」の意味だそうだが、もちろんここで蓮の花を見ることはできない。

チベットの自然と一体になったような彼女の姿は、凄味があり、また美しくさえ見える。何を見て何を考えているのだろう。このメコンの流れを下った先には、チベットとは全然違う熱帯の世界が広がっていることなど想像することがあるのだろうか。ただ、仏を信じて来世再びこの土地に生まれ落ちることを願っているのかもしれない。

朝起きると、まずヤクの糞を手で集めて地面に干すのがチベット族の仕事になっていて、これは燃料にする。「バー」はヤクの毛で織った布だ。乳から採った脂肪はランプの燃料になり、皮膚に塗れば乾燥防止のクリームになる。羊やヤギの肉を食べたあとは、毛皮で服をつくる。すべてに無駄がない。この風土で生活するにはこの方法しかないと思えるほど、彼らは完璧に適応している。彼らの生活は、ヤクという家畜があって初めて成り立つのである。

シャーミンツァイさんに、この扎曲（メコン）はどこから来て、どこへ流れていくんでしょうか？と聞いた。彼らチベット族に、このメコンがどういうふうに映っているのだろうか？と興味があったのだ。すると彼は、

「あなた、地図を持っていないですか？」

ヤクの糞を乾燥させれば樹木の少ないチベット高原での貴重な燃料になる

と聞く。私は「ありません」と答えた。

「たしか四川省（スーチヨワン）から雲南省（ユンナン）に流れていって……最後は海に出るはずだよ。地図があれば正確にわかるんだが……」

実をいうと、私はずいぶん失礼なことを考えていたのである。「天国から流れてきて、地獄へ行くのだ」などという答えを、シャーミンツァイさんに期待していたのだ。一心不乱にお祈りを続ける彼の母親の姿を見て、勝手に彼らを「チベットの人たち」とカギかっこつきで見ていたのかもしれない。つまり、チベット高原に住んで、信仰に生きる、外界からは隔絶された生活を送っている人たちというイメージである。でも、シャーミンツァイさんはちゃんと学校に行った人だし、学校では私たちと同じく地理も習ったのだ。雑多で会ったチベット族の男の子（小学生）は、電卓をポケットに入れていたので、何に使うのか？と尋ねると、「決まってるじゃない。算数の授業のときに使うんだよ」と平気で答えたものである。

源流部では、船で上り下りするにはあまりにも流れが急だし、水量も多くない。むしろ河は土地を隔てる障害でしかないだろう。チベット族は仏教を信じ、殺生を忌み嫌って、もともと魚も捕らなかったので、河の恵みというものをほとんど感じていないようだ。

源流域ではメコンのことをチベット語で「扎曲」と呼ぶが、その名前の意味が「山間部を流れる泉水」だという。下流の「トンレ・トム（偉大な河）」とはだいぶ違った印象を受ける。

扎曲を遡る

雑多の食堂で、羊肉の入った春雨うどんを食べながら、リーさんとワンさんに、もっと先の扎青（ザーチン）へ行きたいと告げた。地図を見るとここから五〇キロ上流に扎青という村が書いてあり、ちゃんと道も続いている。私は、彼らに地図を示しながら説明した。西寧で手に入れた旅行許可証は、この雑多の町から出てはいけないというものだったので、ガイドのリーさんはいい顔をしなかったが、ドライバーのワンさんは、何とか行ってみたいという私の熱意をわかってくれた。

「そうと決まれば、公安局へ行って、旅行許可証の申請をしよう」

ワンさんは、張り切ってそう言った。公安局に行ってみると責任者は不在だったが、なぜか旅行許可証は扎青から帰ってきてからでいいという話になり、間もなく出発することができた。西寧や玉樹の公安局では、町からは出るなと注意されたが、来てみたらそれほど厳しいことは言われず、旅行許可証さえも、行ってきたあとでいいというのだから、融通がきくといおうか、ルーズといおうか、まあいずれにせよ私にとっては都合が良かった。

町から三キロほど走ったところで、チベット仏教の寺「ズル・ゴンパ」を通過する。文化大革命の嵐はこんなチベットの寺にまで吹き荒れたようだ。寺の前には材木と日干しレンガが積まれていて、修復の最中だった。後日、寺の内部を見学したとき、なまめかしい色をしたつくりかけの仏像が何体か置かれていた。

寺を過ぎると、今までにもまして悪路になり、道幅が狭くなった。対向車が来たらすれちがうことさえできない。扎曲を左下に見る、五〇メートルくらい上の崖っぷちの道だ。ワンさんは正直に「怖い、怖い」と口にしながら運転を続けている。路面がメコンのほうに傾いていたりすると、滑って転落してしまうのではないかと冷や汗ものだった。

私にもワンさんは「怖くないか?」と聞いたが、「少しだけ」と言っておいた。怖くないわけではない。ただ、そのときはもう、できるだけ扎曲の先まで行きたい一心で、怖さは二の次だったのだ。カメラを持つと性格が変わるというが、たしかにそれは一理あるようだ。

道は、河に沿って大きく右に回り込み、メコンに流れ落ちる支流を渡る橋があり、珍しくワンさんは「休もう」と言って車を止めた。かなり緊張して運転していたらしい。リーさんの背中も汗でびっしょりだった。
「冷や汗ですよ」
リーさんは笑いながらシャツの背中を見せたが、その目は私を非難しているようだった。私にはメコンの源流を見たいという目的があり、ワンさんにはお金が手に入るという利益があった。でも、リーさんには別に何もなかった。無事にガイドの仕事が済めば彼としてはそれでよかったのだ。ただ、そうはいっても、雑多まで来たのは初めてであり（だから案内役にはならなかったのだが）、不服そうな顔はするものの、絶対に先に行きたくないわけでもなさそうだった。彼も若者としての好奇心は人並みに持っていたようだ。
車はメコンの本流を離れ、小さな支流沿いに坂を上っていった。正面には、灰色の岩山がそびえていて、ほとんど水は流れていないので、いかにも源流という感じである。九十九折り（つづらおり）の道になり、坂で車は止まり、後ろから押さなければならなくなった。二〇メートルほど行くと、また止まってしまう。私とリーさんは、そのたびに車を降りて、後ろから押す。ところが、何度目かに止まったとき、後ろから押しても車は動かなくなってしまった。たしか、ワンさんが「これは新車です」と自慢していた車だったはずなのだが……。
道はその後もずっと上のほうに向かって続いていた。ワンさんは駄目だと諦めている。リーさんは、先に進めなくなって内心ホッとしているようだ。ふたりは、私の顔をうかがっている。車が上らないのではどうしようもない。
「残念だけど、帰ろう」
そう言ったときのリーさんの嬉しそうな顔。都会育ちのリーさんは、こんなところで命を落としたくはないと思っていたのだろう。
突然雨が降ってきた。それも激しい雨だ。道が狭いので、方向転換できる場所を探してバックで下りていった。

何とか方向転換できる場所があり、リーさんと私は雨に濡れながらワンさんが運転する車を誘導する。
坂道を下りて、また扎曲の本流にたどり着いたとき、雨は上がった。と、そのとき、向こうの山がうっすらと雪化粧しているのに気がついた。今の雨は、標高の高いところでは雪になっていたらしい。ようやく、メコン源流らしくなってきたではないか。写真を撮るにも雪があったほうが、高地にいることがよくわかるだろう。
私は扎曲を見下ろす高台でしばらく立ち尽くした。ゴーゴーと体を震わせるような音を響かせて、褐色の水が流れていく。源流域とはいっても、もっと源流に近づかなければ透明な水は見れないのだろう。
これから四二〇〇キロ下ったベトナムのメコンデルタまでの旅を思う。旅の途中で起こるだろうさまざまな出来事、旅先で出会うだろう多くの人たち。メコンに沿って旅をして、どう感じてどう思うのか、それを自分で確かめながら歩くのだ。

本当の源流まではまだ一四〇〇キロの距離がある。黄河や長江の源流は人々の関心も高く、昔から何度も調査されているのに、この当時、メコンの源流はまだ調査されたことがなかった。これは、中国文明の中心を流れる黄河と長江に比べて、メコンは南蛮夷狄（なんばんいてき）の地を流れる中国人（主に漢民族）にとっては関心外の河だったことを意味する。しかも中流域から下流域はインドシナ半島という政治的に複雑な地域を流れる国際河川で、一九九〇年代になるまで流域を旅することは難しかったのだ。
一番長い流れを本流とするのか、あるいは一番水量が多いのを本流とするのかは、素人の私にはわからない。少なくとも雑多は、源流から下って第一番目の町であることには間違いない。いずれ機会をつくって本当の源流を探しにいきたいとは思うが、今回はここまでで諦めることにする。

源流に立つ

私にとっての源流

雑多（ザドウ）を訪ねてからちょうど二年後の夏（一九九四年）、私は再び源流を目指す車に乗っていた。あれから一通りベトナムまで旅をしたが、その間に本当の源流に立ってみたいという思いはますます強くなり、今回が二度目の挑戦になったわけだ。しかし、この「本当の源流」というのが曲者（くせもの）だったのだが……。

先行していた地元の案内人たちと通訳のツァイランゴンボさんが、馬を下りて私が来るのを待っていた。

「ここで終わりですよ」

案内人のチベット人はそう言うと、地面に腰を下ろした。私も馬を下りて、水溜まりに目をこらした。石ころだらけの山の斜面から水が染み出している。手のひらに掬（すく）って口に含んでみる。冷たい水は無味無臭だった。ここは気温が高く乾燥しているので、喉の渇きをいやすにはちょうどいい。みんな「本物のミネラルウォーターだ」と言う。

とうとうやって来た。何度夢に見たろうか。ここが扎那曲（ザナチュ）の源流なのだ。正確にいうと「私にとっての源流」だ。扎那曲とは、メコン河上流部扎曲（ザチュ）の、さらに上流の名前である。顔が腫（は）れあがり、高度障害によるまるで二日酔いのような頭痛や、なかなか止まらない鼻血のことこのときばかりは忘れて、私はその濡れた地面を息を切らしながらしばらく眺め、カメラを出すとまるで憑かれたように写真を撮り始めた。地面に寝転んで幅一〇センチにも満たない小さなメコンの流れをアップで撮ったりした。その姿を奇異な目でみんなが見ているのを私は感じたが、彼らに説明する時間も惜しいくらいだった。

そこは、昔々天上から龍が舞い降りたとの伝説が残る聖山ホホジョディーの山腹だった。高度計を見ると、針は四八〇〇メートルを指していた。

雑多までは前回と同じルートだった。扎曲の流れが見えたとき、手紙を入れたミネラルウォーターのビンを投げ入れたことを思い出す。

雑多の先は、もし雨が降ったら馬で行くことになっていたが、今年は雨が少なく、かろうじて晴れたときだけ通れる道を通り、莫雲(モーユン)までは車で行くことができた。もっとも半分は「道」とも呼べない、河床や草原だったのだが。

今回、車のドライバーをつとめてくれたチェンさんは「俺は二〇年運転手をやってきたが、こんなにひどい道を通ったのは初めてだ」と何度もぼやいたくらい、実際ひどい道だった。

チベット族にとっての源泉

一二時間ほどかかり、その日の夜、源流まであと五〇キロの地点、莫雲の村にたどり着いた。莫雲の人民政府で扎那曲の源流がどこなのか、地元のチベット族たちに地図を見せながら聞いた。そこに集まっていた数人の男たちは、ああでもないこうでもないと、議論は白熱した。結局「机の上で源流を議論しても始まらない。現場に行きさえすればわかることだから」とのだれかの一言で、議論は打ち切りになってしまった。

とりあえずだいたいの場所はわかったので、次の日、一日かけて馬の手配をしてもらい、その翌日、地元チベット族の案内人たちと源流に向かって出発した。私と西寧（シーニン）からついてきたガイドのツァイランゴンボさんも含めると総勢五人の「探検隊」である。ピクニックテントや毛布、非常食としてインスタントラーメン、ビスケット、そして狼が出るからという理由でピストルも持って出た。

私のほかはみんな地元出身のチベット族で、馬に乗るのも慣れている。私は初めてというわけではなかったが、馬はなかなか思うように走ってくれず、いつも彼らから遅れることになってしまった。二日目からは、あまりにも遅い私に業を煮やしたのか、ガッデさんという案内人が私の馬の手綱を引くことになった。

莫雲の海抜が四五〇〇メートル。風邪をひいたように頭がボーッとしている。馬に乗って揺られていると、それこそ雲の上を歩いているような気分になる。

いくつもの支流が扎那曲に流れ込む。案内人がいなければどれが本流か見分けがつかない。河の源流にたどり着くことが、地図上では簡単に見えても、実際は容易ではないことが次第にわかってきた。

遠くに山並が見えてきた。そのなかに、それほど高さはないが、こんもりした山があり、案内人は「あれが聖山のホホジョディーです。あの山の麓に源流はあります」と教えてくれた。

夕方チベット族の牧畜民天幕住居テント「バー」の隣にベースキャンプを張ることになった。この「バー」の主人の名前はズァポンさんといい、四〇歳。珍しがって彼の家族がみんな見物に集まる。中国製のテントが完成すると、子どもや大人までテントのなかに入ってしまい、案内人たちから注意されて慌てて出ていった。

その夜「バー」で、これを飲めばよく眠れるからと、バター茶やヨーグルトをご馳走になったあと自分のテントに戻る。空を見上げると、星が美しかった。あまりにたくさんの星が見えすぎて、自分の知っている星座がわ

少女たちも家族の一員として家畜の世話や乳の加工作
業などを手伝いながら高原で生きる術を身につける

からないくらいだった。

明るいうちはつながれていたのに、番犬は放し飼いになっていた。狼が出るかららしい。今日の昼過ぎ、狼を見つけた案内人のひとりが追いかけていったのも見ている。「あそこだよ」と指を差して教えてくれるのだが、いくら目を凝らしても私にはゴマ粒よりも小さな狼の姿はわからなかった。

その代わり狼以外の野生動物は何種類か見ることができた。鹿のような動物「黄羊」。野生のロバは、十数頭の群れをなして、私たちの車の前を走り去った。その姿は、中国の田舎町でよく見かける、主人を横目で盗み見しながら荷車を引き、隙があればすぐに立ち止まり、締まりのない口元を横に動かし、道草を食う家畜のロバとは雲泥の差であった。薄茶色の体は締まっていて、颯爽と駆けていく姿は野生の気高さを感じさせる。

漢語で「ハラ」、チベット語で「セ」と呼ばれるヒマラヤンマーモットは、鼠を大きくしたような動物で、自分のおなかを地面に擦りつけてお尻を振り振り歩く姿は、ユーモラスで、私たちの笑いを誘った。あちこちで彼らの姿を見かけるところをみると、天敵が少ないのかもしれない。彼らは人間をそれほど恐れていないようで、近づくのもそう難しくはなかった。しかし、最近では、町から来た人間がこの「ハラ」を捕まえて、皮を剝ぎ、お金にしているという。「ハラ」捕りの二、三人のグループがキャンプをしているところを何度か見た。地元のチベット族は、「奴らは金になる物なら何でも捕っていく」と憤慨していた。

狼はほんとに出るのだろう。そのために番犬を放し飼いするのはいいのだが、私には出るかどうかわからない狼よりも、テントの周りを歩き回る番犬のほうが切実な問題だった。月の光で番犬の影がテントの布に映り、ウーウーと低く唸りながら歩き回る姿に、私は仰向けになった亀のように首を縮め、じっと息をこらすより仕方なかった。以前中国で、二度も犬に噛まれたことがある私は、そのときのことが思い出されてしまうのだ。日本の飼い犬とは違っていつも腹を空かせているようだし、もう何日も風呂に入っていない私の身体は、犬の餌になるには格好の臭いを発しているのではないかと心配だった。それでも疲れには勝てずに、番犬の唸り声を子守歌にしながら、いつの間にか寝入ってしまった。もちろん早朝までトイレは我慢した。

しかし無事に夜は過ぎ、ガラスのような冷たく澄んだ朝を迎えることができた。ズァポンさんの奥さんの「オムマニペメフム……」という念仏を唱える声と、番犬の鳴き声で目が覚めた。

彼らの「バー」でバター茶、ツァンパ(麦焦がしの一種)、ヨーグルト、堅いヤクの干し肉をもらって腹ごしらえをしたあと、源流へ向け出発。扎那曲の河床を行く。テントから四〇〇メートルほど遡ると河がふたつに分かれていた。私たちは左の流れをたどっていく。

「こっちではないんですか?」

私は案内人に聞いた。水量的には右の流れのほうが圧倒的に多いのである。

「あれはバーロンガムチュという名前の川で、扎那曲はこの流れです」

そう言われれば仕方ない。まず彼らが源流だと信じている場所まで、とにかく連れていってもらうことにする。

しばらく行くと河は左に曲がっていて、河床に高さ一、二メートルの土と石の小山がいくつも並んでいる場所があった。彼らは馬を止めて河床を指差す。

「ここです」

案内人は言った。私は一瞬何を言われているのかわからなかった。

「私たちが源流だと考えているのはこの泉なんです」

泉と言われても、そこにあるのは単なる水溜まりで、注意して見ないと水が地下から湧き出していることさえわからないくらいだった。しかも河はその上流にも続いているのである。

ここで私とチベット族たちは口論になってしまった。

莫雲（モーユン）から馬に乗って源流へ向かう。緩やかな斜面の高原地帯で、本流がどれなのか見失いそうだ

「ここが源流？　そんな馬鹿な。この上からも水は流れてくるじゃないか？」
「この泉からちゃんと水が出ている。わかるだろ？　源流はここだよ」
「ほんとの源流というのは、水が流れ出す最初の一滴でしょう？　ここじゃなくて、この上流のことなんだよ」
「本当の源流？　ここが本当の源流さ。この上流へ行くなんて、そんな無駄なことをしてどうなる。この上流の水は今は流れているが、冬になれば水は涸れたり凍ったりするし、夏でさえ日ごとに水量が変わるんだ。でもこの泉だけは、冬でも水が湧き出て、人間と家畜たちの貴重な水場になる、だから俺たちはここを源流だと考えるんだ」
地元のチベット族の伝説によれば、河床の小山は、海の王様から遣わされた二一の海龍で、この源泉を守っているのだという。
理由を聞いてみれば、彼らがこの水溜まりを源流と呼ぶのもわかるような気がしてきた。私は源流域にこれほど人間が住んでいるとは思わなかったし、「源流」と聞けば地理学的な源流だけしか頭に思い浮かべなかったが、そもそも「メコン」「扎曲」「扎那曲」は人間がつけた名前であり、人間の生活から生まれた意味をもった名前なのである。「メコン」の源流を見たいという私の目的からすると、彼らの信じるこの源流も重要なのだと気づかされた。
彼らの考えがわかったうえで、それでも私はその「彼らの源流」から上流の、最初の一滴の水を見てみたかった。彼らは「どうしてこの上に行く必要があるんだ？」と初めは渋っていたが、「あなたたちが言う通りここが源流だ。源流はわかったけど、とにかく俺は上流を見てみたいんだ」と私は必死に説明した。彼らは仕方がないなという諦めの表情をしていっしょについてきてくれた。そこから遡ること約一時間。ようやくたどり着いた源流が「私にとっての源流」だった。

夏の雪

源流から莫雲に戻る朝、また犬の鳴き声で目が覚めた。テントに魚の鱗のような模様がついているのに気がついた。アレッ？　何だろう？　指でテントを押してみると、ズズーッとその模様が滑り落ちて崩れた。まさかと思って慌ててテントの外に出たら案の定、一面の雪景色。まだ雪は静かに降り続いていた。私たちのふたつのテントも、ズァポンさんの「バー」もヤクも、雪で真っ白だ。羊にも雪が積もっている。

まいったな、どうなるのだろう。莫雲には帰れないかもしれない。

ズァポンさんの奥さんと娘が雪の降りしきるなか、ヤクの乳搾りに精を出していた。いつもは今頃、すでに草を食(は)んでいる時間のはずである。この雪では草を食むことはできない。だからどこへも追われずに「バー」のそばにいるらしい。

おばさんたちはさすがに厚着をしていた。タオルで顔の下半分を覆っている。子ヤクを母親ヤクのそばまで連れていき、乳首を少し吸わせ、そして子ヤクを無理やり離し、おばさんは乳搾りを始める。バケツに勢いよく入る乳の音が、真っ白な風景のなかで、唯一耳にできる音だった。

この雪はすぐに水滴に変わってしまう。ここのチベット族独特の女性の細かく編んだ前髪も、雪が解けた水滴で濡れている。まつげに積もった雪も丸い小さな水滴になって光っている。彼女たちは黙々と乳を搾り続ける。やがて搾り終わったバケツを持っておばさんは立ち上がった。さあ、「バー」のなかに入ろうと私に目で合図をする。

彼女は「バー」に戻る途中、「寒いか？」と聞いた。雪が降ったんだから当然ではないかという顔をして「寒いよ」と私は答えた。おばさんは「私は寒くないよ」と言う。それはそうかもしれない。一年で一番暖かいこの夏に、雪が降ったくらいでいちいち寒いなどと泣き言を言っていたら、厳寒期のセ氏マイナス一〇～二〇度の寒さを耐え抜くことなどできないだろう。実際、昨日の夏のような天気から一転して冬のような雪になってしまったので、私は動揺し寒い寒いと言っているが、冷静になってみると、どうも前の晩よりは寒くなく、そのせいで熟睡できたようでもあり、今だってそれほど寒くて我慢できないわけではない。

　乳搾りが終わったあと、彼女たちといっしょに母屋の「バー」に入った。通訳のツァイランゴンボさんが、まだ寝袋のなかで横になっていた。「表、見ましたか?」と私は彼に聞いた。彼は「すごい雪ですね」と言う。「帰れますか?」「無理ですよ。道が見えないし、草が滑って危ないです」「それじゃあこの雪がやむまで待つしかないんですね?」「そうです」「雪は一日降り続くと思いますか?」「すぐにやむかもしれないし、何日も降り続くかもしれません。自然のことは人間にはわかりません」

　私は苦笑いをしてうなずいた。しかし不思議なことに、私はこんな会話をしながら、どこか他人（ひと）ごとのような感じもした。自分が何日もここにいなければならなくなったとしても、それほど不安には感じていないようなのだ。私を不安がらせない最大の理由は、ここに日常生活を営んでいるズァポン一家が住んでいるという事実であった。彼らの「バー」のなかにはヤクの皮袋に入ったツァンパや小麦がいくつも積まれている。かまどのそばには、乾いた燃料用のヤクの糞がうずたかく積まれている。幸い私は、好き嫌いがなく何でも食べることができる。もちろん彼らの貴重な食料を食べ尽くすことはできないが、それまでに雪はやむだろう。いくらなんでもこの夏に一週間も雪が続くはずはない。

　さっき乳搾りが終わったとき、おばさんが「私は寒くないよ」と言った笑顔に頼もしさを感じたのも、彼らの日常生活に対する安心感の表れかもしれない。二年前にも雑多までは来たが、そのときに感じた「ずいぶん奥まで来たな。事故や病気にでもなったらどうしよう」という不安は今回はなかった。雑多ばかりではないが、どんな秘境でも二度目にはそれほど秘境には感じなくなるらしい。旅行者でさえそうだから、日常生活を送っている人はなおのこと。ここも彼らにすれば日常生活の場所なのだ。いくらチベットの五〇〇〇メートルの高地であっても、私が東京にいて感じる日常生活の安心感というか安堵感というか、そういうものとまったく同じ感覚が、彼らのなかにもあるのではないだろうか。

案内人のひとりガスンさんは昨日の晩、みんなの前でお経を読んだ。彼はチベット医でもあり、僧侶ではないがお経も読めるインテリだ。ズァポン一家は神妙な顔つきで彼のお経に耳を傾けていた。しかしそのガスンさんが、今日はみんなからからかわれることになってしまった。昨日お経なんか読んだからこんなに雪が降ってしまったのだと。

苦笑いしたガスンさんは、「バー」の出口から身体を出し、空に向けてピストルを二発撃った。「こうすれば雪がやむんです」とガスンさんが説明する。チベット族のおまじないだという。

その後しばらくすると、本当に雪は小降りになった。ズァポンさんの娘が表に出て空を見上げている。彼女の驚いたような顔。さっきガスンさんが撃った二発のピストルが本当に雪を止めたと信じているような顔である。たぶんガスンさんが普通の牧民ではなく医者でもあり、お経も読める特別な人だという理由もあるのだろう。一種のまじない師も兼ねているのかもしれない。

私も表に出た。空を見ると聖山ホホジョディーの向こう側に青空も見える。これで雪もやみ、莫雲にも戻ることができると喜んだ。おまじないでも黒魔術でも、とにかく雪さえやんでくれたら信じることにしよう。

ふとそのとき、聖山にスポットライトのように太陽光線が当たった。私は慌ててカメラを取りに自分のテントに走ったが、残念ながら聖山は低く垂れこめる雲にすぐに隠れてしまった。それは自然の、神々しい一瞬のドラマだった。ああいうときにこそ、龍が現れるのだろう。「あまりにも美しくてシャッターを押せなかった」などという格好いいセリフを吐いてみたかったが、私の場合は、ただ、間に合わなかっただけである。しかしこれで良かったのかもしれない。「逃がした魚は大きい」というように、撮らなかったからこそ心のなかで、それは永遠に美しさを維持するわけで、写真を撮ったら大した風景ではなかったかもしれない。美しいと感じたのは、今自分の置かれている状況や、気分なども大いに関係しているはずである。美しいと思って撮った写真が、いい写真に仕上がらなかったときの言い訳をするのも面倒だ。こんな理由をつけて自分を納得させ、撮り逃がした悔しさを紛らわせた。

荷物をまとめ、私たちはズァポン一家に見送られて莫雲へ向かった。しかし雪はやんでもまだ雪が積もっている場所もかなりあって、馬はゆっくりと注意深く進んでいった。

出発して約一時間。ふと気がつくと、ガイドであるはずのツァイランゴンボさんや、ガスンさんたちは私の存在など忘れてしまったように、スタスタと馬を飛ばしていつの間にか視界から消えてしまい、残ったのは馬を引いてくれているガッデさんと私のふたりだけになってしまった。

近道をするためにいったん扎那曲から外れて湿地帯を歩き、再び扎那曲に出ると、源流を目指したときはまったくの清水だった河の水が、今日は見事な赤茶色の水に変わっていた。一日雨や雪が降っただけで、これだけはっきり水の色が変わってしまうのもすごいものである。以前訪れた莫雲の人民政府で、この地方では数十年前から草地が減少していて、それが家畜を放牧するのに大変深刻な問題になっているのだと教えられた。草地がはがれて保水能力を失った赤い土は、雪解けの水や雨に打たれて流れ出し、扎那曲の色を変えるのである。いったいどうして草地がはがれていくのか、それは地球規模の環境汚染とも関係するのだろう。近代文明から逃れられる土地は、もうこの地球上にはないということだろうか。

ガッデさんは友人の「バー」に寄っていこうと私を誘った。少しの時間ならいいだろうと、そこにお邪魔した。

中国青海省南部の源流域へ行ったのは8月だったが、標高が高いため天気が急変すると雪も降る

しかしなかなかガッデさんは腰を上げようとしなかった。莫雲に帰りつくのが夜になってしまわないかと心配になって、「時間がないよ」と腕時計を指し示すと、「いい時計だね。いくらした？」と、まったく彼は時間など気にせず、ヨーグルトやヤク肉を、他人の家とは思えないほど、いや、他人の家だからこそか、遠慮なくたらふく食っている。

これがチベット族の習慣なのだろう、いらいらしても仕方ないと、私もついに諦めて、ガッデさんといっしょになって、ゴムタイヤのようなヤクの干し肉をナイフで一口大に切り、チューインガムのようにクチャクチャとしばらく噛み続けても柔らかくならないので、結局は呑み込んでしまうという動作を、何度か繰り返した。ガッデさんの友人が彼の「バー」を訪ねたときも、同じように、食うだけ食わせてやるに違いない。

思わぬところで時間を食ってしまい、夕方になってしまった。友人宅を出て、扎那曲の河床を渡り、向こう側の岸に上る。そこで私が写真を撮っている間、一〇メートル離れたところでガッデさんはウンコをしていた。食いすぎではないのか？　彼が用を済ましてズボンのベルトを直しながら私のそばに来ると「俺の写真を撮ってくれ」と言った。記念写真をくれと言うのかな？と思ったら、彼はこう言った。

「あんたの家族に、俺の写真を見せてくれ。この場所にガッデという男がいて、いっしょに扎那曲の源流に行ったと伝えてくれ」

その言い方が、頼もしく清々しかった。この四〇歳ほどの、人民帽を被った大柄なガッデさんを眺め、こんな人に会いたいために旅をしているのだと、私は改めて実感した。

また雲行きが怪しくなった空をいまいましく見上げ、再び馬にまたがった。ガッデさんは、馬の脇腹を両足で思いっきり蹴ると、勢いよく走りだした。彼からロープで引かれた私の馬も走りだす。カメラは背負ったバッグのなかでガタガタと踊りだし、私の身体のなかは胃も腸も心臓もいっしょに混ざってしまうほど揺れた。昨日だったか、羊の胃袋に詰めた牛乳を長時間コロコロ転がしていると、牛乳が分離してバターができると聞いたが、まさに今私はバター製造器となっている。

「もう、ちょっと、ゆっくり、走って、くれないですか？」

たまりかねて、私はガッデさんに大声で頼んだ。彼はそのときだけは馬の速度を緩めたが、二分もしないうちに、また速度が上がった。彼はブツブツと何かつぶやいている。

「歌っているんですか？」

彼は振り向いたが、ブツブツをやめずに、ただ目で笑っている。どうやら「オムマニペメフム、オムマニペメフム」と念仏を唱えているようだ。馬が、これほど揺れる乗り物だとは知らなかった。とにかく早く莫雲に着いて、この苦しみから逃れたい。彼の念仏が「いいバターができますように、いいバターができますように」と聞こえてくるようだった。

私は初め、地理学的な源流を見ようとしてここに来た。しかし地元のチベット族から、それだけが源流としての意味を持っているわけではないことを教えられた。彼らにとっての源流は、聖山ホホジョディーの麓の泉だった。泉と呼ぶにはあまりにも貧弱な水溜まりにすぎなかったが、それは二一の海龍によって守られた水場だった。ここが彼らの源流、彼らの神聖な場所なのだ。それを知ることができたことは、貴重な体験であった。

私が源流を訪ねたあと、日中合同の学術調査隊や、フランス・イギリスの合同調査隊が、メコン河の源流点を「発見」した。もちろん、この地理学的な源流は地元チベット族が信じる「彼らにとっての源流」とは違った場所であった。しかしあの水溜まりはガッデさんたちチベット族と動物たちの貴重な水場であることには、これからも変わりない。

大理(ター リー) 一九八五年

大理弁と東北弁

雲南(ユンナン)省の省都、昆明(クンミン)から西へ四〇〇キロのところに、メコンの支流にあたる洱海(アルハイ)という高原湖がある。洱海のほとりの大理は、私が雲南省に通うきっかけになった町だ。私の興味は大理から雲南、そして周辺の地域に広がっていき、こうしてメコンに沿って旅をすることにもなったわけで、すべてはこの町から始まったともいえるだろう。

それまで北アフリカや中東を旅していた私は、一九八五年、二度目の中国旅行でたまたまこの大理にやって来た。ちょうど田植えの時期で、カラフルな衣装を着た女性たちが水田で働いていた。その田植えのやり方は日本とそっくりだった。私が子どもの頃、家に田んぼがあって、何度か田植えも手伝った記憶があり、懐かしくなって、ある日彼女たちに混じって田植えをやってみた。

昼休みには、みんなで畦道(あぜみち)に座って、家から持ってきたご飯や漬物、腐乳、唐辛子を使って魚を辛く煮たもの、お茶で昼食をとった。おばさんたちは、食べながら喋り、大声で笑う。いったい私はどこにいるのだろう?と思った。田舎に舞い戻ったのではないかという錯覚すら覚えた。

そもそも外国へ行こうと決心したのは、自分を縛っている「何か」から逃れたいという気持ちだった。その

「何か」は、田舎の煩わしい人間関係とか、古臭い常識などだったように思う。だからなるべく遠いところ、ヨーロッパから北アフリカ、中東などを旅行したのだった。しかし自分では逃げていたつもりが、実は「何か」に向かっていたのではないかと、この大理にたどり着いたとき感じた。今まで旅行したところでは感じなかった、無性に懐かしく、気持ちを温かくしてくれるものがここにはあった。田舎の良さを、田舎を出て初めて知ったということかもしれない。

大理のメインストリートは南北に二キロくらい走っていて、南と北に楼門が建っている。唐朝が雲南に勢力をのばしつつあった頃、大理盆地には「六詔」と呼ばれる六つの土侯国があった。その六詔のうち唐朝に入貢していた南詔（蒙舎詔）は唐の力を借りて、他の五詔を併合した。南詔は、いろいろな民族の複合国家だったらしい。一二五三年に、クビライの軍隊が大理国を滅ぼす。

そのメインストリートに沿って、食堂や土産物屋や商店がところ狭しと並んでいる。中心地の郵便局がある十字路を蒼山（ツァンシャン）のほうへ折れると、大理の招待所がある。そこが一九八五年当時、外国人が泊まれる大理で唯ひとつの宿泊所だった。その後「紅山茶賓館（ホンシャンチャーピングアン）」と名を変えている。

あの当時から数年ほどの間に町並みはかなり新しくなった。英語の看板など皆無だったのに、レストラン、カフェ、テイラーの看板が目につく。招待所の従業員にペー族のヤンさんという女性がいたが、彼女は当時英語ができなくて、私は何度か彼女に英語を教えたほどだった。ところがだいぶ英語が上達して、英語を流暢に使い外国人と会話をしているのを見ると、自分だけが取り残されたような、妙な寂しさを感じてしまう（ヤンさんはその後結婚した）。町もヤンさんも進歩しているのに、私はいつまでたっても進歩していないのではないか？と不安になってしまう。

しかし、町や彼女たちが変わって新しくなっているからといって、私が寂しがるというのはおかしなことだ。そんな感傷を吹っ飛ばしてしまうほど、彼女たちは新しい物に貪欲だ。それが行きすぎて金儲けに一生懸命になってしまう人たちが多いのも事実だが。

招待所を出ると闇両替のペー族の女性が声をかけてくる。

「チェンズ・マネー、チェンズ・マネー」

まるで日本の東北弁のような訛の英語を喋りながら、ペー族女性が寄ってくる。私は「メダ（ありません）」と、付け焼き刃の大理弁で返事をする。それにしても大理に来るといつも思うのは、彼らの訛り方が妙に（日本の）東北弁の訛り方と同じような気がすることだ。中国語（北京語）を東北訛りで喋ると大理弁になるようなものである。風土が似ていれば、口の開き方や舌の使い方も似てきて、だから発音も似てくるということは充分に考えられる。そのせいか山形出身の私は、もちろん発音だけではあるが、大理弁の上達が早いようだし、特別懐かしさを感じるのかもしれない。

招待所の門を出たところに、レストランが何軒かかたまっていて、そこで食事をしていると、彼女たちは、なかまでずうずうしく入ってきて、闇両替をしたり、物を売る。

あるとき「コインいらない？」と女の子がやって来た。直径三センチの銀色のコインを差し出す。私は左手の親指と人差し指でコインを挟み、右手の人差し指の爪先でピーンと弾いて、耳元に持っていき、音を聴く。こうやって音を聴くと本物の銀貨かどうかがわかるらしいのだが、どういう音がすれば本物なのかは、もちろん知らない。ただポーズだけだ。

そうして、これは本物の銀貨？と白々しく聞く。彼女は「本物だよ」と真面目な顔で答える。私は、残念だなあ、本物はいらないんだ、贋物が欲しかったのに、と言うと、彼女は何食わぬ顔をして、「これは……実は贋物だよ」と言う。そう、贋物なら安くしてよと言うと、「これは贋物は贋物でも、簡単に手に入るものではなくて、私しか持っていないものなのよ。だから値段は同じなの」と言うのだった。

彼女たちペー族の実家は北へ三十数キロ、毎週月曜日に市が立つ、洱海の最北端に位置する村にある。初めて大理を訪れた一九八五年に、三回ほど、その市に出かけていった。なぜこの村の人たちが、闇両替をやるようになったのかはわからないが、たぶん、この市を見るために外国人がやって来て、FEC（外貨兌換券。当時外国人が使用していた）を比較的たくさん手にする機会があったからではないだろうか？

とにかく、ペー族は、漢族化しているともいわれ、そのためかどうかは知らないが、雲南に住む少数民族のなかでは商売上手なほうだと思う。

この村にはその後も何度も行くようになって、あるときは学校で生徒たちに英語を教えたり、知り合ったシュエさんの子どもたちといっしょに畑でとうもろこしを植えたり、シュエさんの妹さんのところで上棟式があるというのでお祝いにいったこともあった。

高原湖、洱海

この村から大理まで、つまり洱海の西側には立派な舗装道路も走っていて、バスやトラックが頻繁に通っているが、ここから湖の東側に続く道は舗装もされず、一日歩いても自動車が一台も通らないくらい静かな道だ。私は何度かこの道を歩いたことがある。一日かければ、挖色というペー族の村まで歩くことができる。ここから西岸までは船も出ていて、それで大理まで戻ることができた。

船は朝早くに出た。地元の農民が農産物を町に運ぶ船でもあり、まだ暗い空のもと、竹籠に農産物を詰めたペ

洱海の周辺では、武帝軍が雲南省に来たとき、すでにいくつかの国があって、田畑をつくって暮らしていた

ー族たちがたくさん乗り込んで、いつも船はお客でいっぱいになった。薄暗い客室は、とくに寒い時期だとみんな厚着をしているので、ギュウギュウ詰めになる。しかしこのほうが寒くてなくて良い。出荷される箱詰めのリンゴのように、客室の長椅子に座って周りの人たちの服に固められていれば寒さもしのげ、身体も固定できる。居眠りするのにも都合がいい。

一時間ほどで、対岸に到着した船からは、額にかけた紐で籠を運ぶおばさんや、自転車をもった学生などが降り立つ。私もいっしょに船を降りる。船はここから大理ペー族自治州の州都まで行くのだ。やがて日も出てようやく暖かくなる。

この洱海は標高が二〇〇〇メートルある。湖畔にある家では、この湖の水が生活用水になる。バケツに水を汲んでいたり、毛をむしった鶏を洗っていたり、洗濯や、暑い時期には子どもたちが泳いでいるのを見ることもある。

湖では魚を捕っている。小エビやフナやコイのような獲物だが、一部の人は鵜飼いをやっている。鵜の首にはヒモが結んであり、くわえた魚を呑み込まないようにしている。一度鵜飼いのおじさんに頼んで船に乗せてもらったことがあった。おじさんが舳先(へさき)に立って、竹竿を振ったり水につけたり、声を出したりすると、よくもまあしつけたものだと感心するほど、一〇羽ほどの鵜がいっせいに、水に潜ったり、左右に回ったりする。その絶妙なコンビネーションは見ていても気持ちがいいものだった。

この湖の周辺は、水田や畑をつくることができるほどの比較的大きな盆地になっている。武帝の軍が、紀元前一一一年に雲南省にやって来た。当時雲南省にはいくつかの国があったようだ。それはいずれも盆地に栄えた国で、田をつくって暮らしていたという。国といっても盆地を支配しているだけだから、藩のようなものだったようだ。現在の雲南省でも、こういったパーズ（盆地）に村や町があって田畑をつくって人がたくさん住んでいる。

大理　一九八五年

鵜飼いのペー族のボートに乗せてもらった。竹竿を振ったり声の合図で10羽ほどがいっせいに潜ったり方向転換する

しかし瀾滄江（ランツァンジャン）（メコン河）に沿った土地に限っていえば、こういう大きな盆地がないのだ。雲南省南端には盆地が開けて大規模に稲作も営まれているが、それまでの上流部は四〇〇〇メートル級の山から一気に河まで転げ落ちるような大峡谷なのである。だから大きな町もできなかった。

洱海から流れ出す水は、大理市から山間部を流れ下って、やがて瀾滄江に注ぎ込む。

西双版納（シーサンパンナ）　一九九三年

雲南省の国境地帯へ

一九九二年の暮れ、東京にいた私のところに夜一一時半頃電話があった。
「国境地帯がほとんど開いたよ」
受話器からはうわずった声が聞こえてきた。雲南（ユンナン）省の省都、昆明（クンミン）に留学している友人からだった。ミャンマー、ラオス、ベトナムに接する雲南の国境地帯の三十数県が一挙に外国人に開放されたというのだ。当分開放することはないだろうと諦めていた地域だけに、一気に開放されたと聞いて一瞬驚いてしまった。しかも、そのなかには、雲南省南部のメコン右岸にあたる数県も含まれていた。そこは雲南省のなかでも貧しい地域だという。ミャンマーとの国境に接していて、焼き畑を生業とするラフ族やワ族が住んでいるらしい。友人が興奮して電話してきたのもわかる気がした。

それから三カ月後の一九九三年三月、私は瀾滄江（ランツァンジャン）の右岸を初めて旅することができたのだった。中国ではメコン河のことを瀾滄江と呼んでいるが、この瀾滄というのは、タイ語のランチャーン、ラオ語のランサーン（一〇〇万の象、あるいは象の広場）に当たるという説もあるようだ。昔はこのあたりにも象がたくさん生息していたのかもしれない。

昆明から臨滄（リンツァン）までは乗り合いバスを使うことにした。朝六時半に出発したバスは、食事やトイレの休憩をしただけで、二二時間かけて臨滄に到着した。途中、当時は瀾滄江本流にかかる唯一のダムだった「漫湾（マンワン）ダム」を通過した。

瀾滄江はチベット高原から延々と大峡谷を流れてきて、地理的な条件から大きな町ができることはなかった。しかしここには大きなダムがつくられていて、そのために町も活気づいている。工事中の部分が多かったが、このダムの水力発電所で発電した電力をもとにして産業を活性化させ、不足する電力を補うという。

臨滄からさらに南下して、瀾滄（ランツァン）の町へ。瀾滄江の瀾滄である。

この町の入り口、三叉路の真ん中に、大きなモニュメントが立っていた。「瀾滄　一一・六　地震紀念碑」である。片腕に子どもを抱いた男性が、もう一方の手で上の物体を押さえている。男性が立つ台座には、横長の金属製のレリーフ。地震災害が起こり、それがどのように復旧してきたかが表現されている。

町はこのレリーフの通り、新しいビルが立ち並ぶ近代的な町に変貌していた。実は、一九八七年、まだ外国人に開放されていないときに、私はこっそりこの町を訪れているのだが、そのときは灰色がかったすすけた町の印象しかなくて、その変貌ぶりに正直いってびっくりした。

瀾滄から西に道をとる。ふたつほど峠を越えると、比較的広い盆地に出るが、そこが孟連（モンリエン）の町（一九九五年七月、この原稿執筆中にこの近くでまた大きな地震があったと報じられた）。そこからに西に行くとミャンマーとの国境で、勐阿（モンア）。幅四〇メートルほどの川が流れていて、それが実際の国境だった。五角の通行料を払って橋を歩きミャンマー側に渡る。国境を守る兵士の姿もなく緊張感は微塵もない。中国側の橋のたもとでは工事が行なわれていた。

中国の経済的な発展は目覚ましいが、内陸部は発展から取り残されてきた。ここ雲南も発展から取り残されてきた地域のひとつである。しかし一九九二年の三十数県の開放で、雲南がこれまでの秘境から、インドシナに対しての表玄関に変身しようとしている。今、雲南では国境に沿ってたくさんの交易所がつくられている。この勐阿での建設工事も、中国人とミャンマー人との交易所づくりだ。

瀾滄に戻った私は、バスで思茅（スーマオ）に向かった。バスは午前六時半の出発だった。出発間際の混雑に乗じて人のポケットから物を抜き取るスリに財布を取られそうになったのを危うくかわして、座席に座る。

メコンの支流黒河（ヘイフー）を左に見ながらどんどん下り、二時間ほどで本流の瀾滄江にぶつかった。

バスは橋を渡る。瀾滄江は峡谷を流れていて、河幅はそれほど広くなく、幅は二〇〇メートルほど。橋を渡ると一五分くらいは河を右側に見て走る。両側は切り立った崖で、ところどころに見えるちょっとした斜面は小規模な畑になっている。河に沿って大きな町ができる地形ではない。木製の吊り橋を見かけたが、人の気配はまったくなかった。バスからは見えない崖の上に、村でもあるのだろうか。

前方の山が河霧に包まれて幻想的な雰囲気だ。ふと、河に船影を発見。いや、よく見ると青竹の筏（いかだ）だった。その筏に凳子（ドンズ）（小さな椅子）を置き、腰を下ろしている三人の人たち。いったいどこまで流れていくのだろう？ちょうどこの筏を見た地点から突然道路は高度を増し、瀾滄江に別れを告げて東のほうに折れていく。

将来はここからわずかに下った小橄欖壩（シャオカンランバ）というところが国際港になるらしい。思茅から三時間でこの港に道路が通じ、ここで荷物や客が船に乗り換える。そうすると二時間で景洪（ジンホン）に着き、八時間でゴールデントライアングルに着く。開発のダイナミズムは大きすぎて、ここが将来どんなふうに変わるのか、私には想像もつかない。

雲南の北部・中部では、瀾滄江の直接的な恵みは感じられなかった。それがようやく開けた平地になり、水田や畑の灌漑用水として、また地元の人たちの生活用水として重要性を増すのは、雲南省でも最南端、西双版納に入ってからである。

西双版納の変貌

初めて西双版納の景洪を訪れたのは、一九八六年の三月。西双版納に旅行許可証なしで外国人が自由に来ることができるようになった初めての年だ。タイ族の正月である四月中旬まで滞在して「水かけ祭り」を迎え、新年行事のひとつである龍船競漕（ボートレース）を見た。そのとき、初めてメコンの本流に出会ったのだ。

乗り合いバスで雲南省の省都昆明から西双版納タイ族自治州景洪に着いたのは、出発してから三日目の昼過ぎだった。町の中心に市場があり、その喧騒の人込みを抜けて版納賓館（バンナビングアン）へ向かったことが、つい昨日のことのように思い出される。漢文化とは違う華やかで優しい雰囲気に感激しながら歩いたのだった。

あれから七年も経っている。そして前回訪ねたのは三年前だ。そのわずか三年で、市場の賑わいは同じでも、売られているものや、人の様子がだいぶ変わったようである。民族衣装の女性がますます少なくなったし、「竹楼」と呼ばれるタイ族の高床式民家が、町のなかではまったく見られなくなってしまった。今はそこにモダンなビルが建っている。

町外れに「曼听路（マンティンルー）」という公園に続く通りがある。八六年には二軒のタイ族レストランしかなかったが、その後雨後の竹の子のようにレストランが増え、今では通りの両側がすべてレストランに変わり、夕方ともなれば観光客であふれかえる。外国人のなかにはタイ人の姿も見かけるようになった。

賓館の周りでは、何といっても目立つのが多くの旅行社だ。入り口の看板には、西双版納の地図はもちろん、ミャンマー、ラオス、金三角（ゴールデントライアングル）も描いてあり、観光客を呼びこんでいる。観光業花盛りという感じだ。ミャンマー・ラオスを経由するタイまでの観光道路と、メコン河を走る国際船が本格的に運行されれば、ますます賑わいは増すだろう。

前回、三年前に来たときには、メコンを下る乗り合いの船が橄欖壩（カンランパ）というタイ族の村まで一日二本出ていたが、

竹製ロケット飛ばし競争の「カンパイ」。各村から男たちが
銅鑼を鳴らしながらロケットを担いで会場までやって来る

「今はない」という話を聞いた。地元の人に訳を尋ねると、乾季で水がないからだという答えが返ってきた。ところがあとでそれだけが理由ではないとわかった。船は出ていたのだ。しかしそれは観光用の船で、地元の人が足替わりに使う交通機関ではなかった。乾季で水がないことに加え、河に沿って橄欖壩まで、立派な舗装道路が完成してしまったことも理由だった。雨季には船も利用されているようだが、この区間を頻繁に走っている乗り合いのマイクロバスに乗れば三〇~四〇分で着いてしまう。片道二時間もかかる船は時代遅れなのだ。

橄欖壩を訪ねてみると、三年前は、綺麗に整備してあった船着き場も、土砂が積もって寂(さび)れた感じがした。交通機関が変わると人の流れが変わり、町の賑わいさえも変わってくる。

橄欖壩までの船はなくなったが、逆に長距離の船が走り始めている。一九九〇年の一〇月末、中国の小型貨物船がメコンを下りラオスのビエンチャンまで航行したが、これが中国―ラオス間の初めての国際船だったという。今では、景洪からメコン河を下り北タイやラオスまで走る国船船が本格化している。

西双版納が近代的になり観光客が増えることは、もちろん悪いことではない。しかし、あまりの急激な観光地化は、山に住んでいる人たちに戸惑いを与えているのも事実のようだ。

ミャンマーとの国境、打洛(ダールオ)を目指し、勐海(モンハイ)の町から南に向かう。

打洛までの途中に勐混(モンフン)というタイ族の村があるが、ここはちょっとした思い出のある村だ。

雲南省を旅していると(雲南省ばかりではないが)、いろいろなところで定期市にでくわす。「街子(ガイズ)」などと呼ばれるその定期市は、週一回とか、四日ごととか、「五」のつく日だとか、その土地土地の周期で開かれる。平日は静かな場所が、その日になると朝から人でごったがえし、いろいろな物の売買で賑わうのだ。

勐混も橄欖壩と同様、毎週日曜日に市が開かれている。この市には漢民族のほか、数種族の少数民族が集まってくる。タイ族をはじめとして、アイニ族（ハニ族の一支系）、ラフ族、プーラン族、そのほか、中国政府からまだ独立した一民族としては認められていない、アク族などもやって来る。
この市に来たのは、ほんの偶然からだった。それは初めて西双版納にやって来た一九八六年のことだ。ある日私は、勐混からもっと先、ミャンマーとの国境打洛に行くことを思いたった。ところが、この村を通り過ぎようとしたとき、今から思えばほんとに運が良かったのだが、乗っていたバスが故障してしまったのだ。それで、バスを修理中の三〇分間ほど、市をぶらつくことができた。
ちょうど日曜日で、たくさんの少数民族の人たちが集まっていた。まるで日本の武将の兜（かぶと）のような帽子を被っている民族。頭の髪の毛を短く刈って、派手な色のスカートを穿（は）いた女性集団。長いパイプをふかす男。ナポレオンの帽子のように黒い布を頭に巻きつけている娘。なんてカラフルな市なんだろうと思ったものだった。もちろん旅行者などは、ひとりも見かけなかった。
ところが、その一年後再び訪ねてみると、外国人旅行者もチラホラ見かけるようになっていて、さらに一年後には景洪にある国営の旅行社がバスツアーまで組んで、観光客が大挙して押しかけるようになっていた。
それまで、この市で売り買いされていた物といえば、野菜、果物、魚、日用品、牛、豚の肉などだったが、大（ター）理（リー）の月曜市と同様、いつの間にか民族衣装やアクセサリーや織物などの土産を売る人たちが現れた。
「土産を売る人」というよりは「土産を買う人」が先に現れたといったほうがいいかもしれない。というのは、こういうことだ。観光客が来始めた頃、とくに欧米人だったが、アイニ族のおばさんに、被っている帽子を指差し「ハウマッチ？」と聞きながら追いかけている場面を見ることがあった。彼女たちの腕を摑（つか）まえて、値段を聞く観光客もいた。彼女たちは、恐怖で顔を引きつらせて逃げ回っていた。
それはそうだと思う。今まで見たこともない背の高い人間が、わけのわからない言葉を喋りながら追いかけてくるのだから、素朴なおばさんたちにしてみれば、まるで悪魔にでも追いかけられていると感じたとしても不思議ではない。いや、実際私の目にも悪魔のように見えた。

でも、そのうち、追いかけられている意味が彼女たちにもわかってきた。なかにはお金を出しながら追いかける欧米人も現れたからだ。そうか、あの白い鬼たちが私たちを追いかけ回すのは、この帽子や衣装が欲しいからなのかと気がついたのだ。こうして、ようやくお金と帽子の交換が成功する。

昔、ヨーロッパ人たちが全世界で「発見」した大陸で、もちろんお金は使わなかったにしろ、同じようなことが行なわれたに違いない。こういうふうにして交易が始まるのかと、まるで歴史の教科書を見ているような、妙な感動を覚えたものである。

アイニ族の人たちも、今では、どういう物が売れるかよく知っていて、白人を見て逃げだす人も、もちろんいなくなった。むしろ、積極的に衣装などを売るようになった。昔は旅行者が「ハウマッチ?」と聞いていたのに、今では地元のおばさんたちが逆に「ハウマッチ?」と聞いている。土産物を売るためにだけ、山から下りてくるおばさんもいるようだ。バナナや唐辛子が、こうして、民族衣装などの土産物に変わったわけである。

ある旅行者が、銀の飾りがついた胸当てを買ったというので、見せてもらったことがあったが、その胸当ての内側を見て、ギョッとした。おばさんがつい今しがたまで身につけていたらしく、たぶん虫刺されの跡だろう、血痕の点々やかさぶたもついていて、はっきりいって汚かった。もちろん臭いつきだ。そういう物を好む特殊な趣味の人ならお金にいとめをつけずに買いあさるだろうが、ノーマルな人だったら買ったらすぐに洗濯しなければならないような代物だ。その旅行者も、胸当てをビニール袋に入れてホテルまで持ち帰り、水道で洗っていた。

そんなふうにして民族衣装を売ってしまったおばさんは、真新しいジャージーを着て山から下りてくる。だから、年とともに民族衣装を着ている女性が少なくなっているようだ。ちなみに、北タイのチェンマイや首都のバ

アイニ族のおばあさん。これがいつの間にか民族衣装からジャージーに変わった

ンコクでは、山岳民族の衣装が買える。そこで売られているものには、中国雲南省からのものもあった。

この市をずっと見てきて、地元の人にとってはまったく普通の場所が、どういうふうに観光地になっていくのか、目の当たりにしたような気がする。恐らく北タイもこんな感じで観光地化が進んでいったのだろう。外国人がトレッキングに来るようになって、山岳民族が進んで自分たちの民族衣装を売り始めたのではないようだ。やはり、最初は外国人がそういうものを欲しがったせいなのだ。

雲南省のこんな田舎の村が、外国人が常時滞在するような村になり、その変貌ぶりに驚いたのだが、この二、三年で再び事情が変わった。そもそも外国人がなぜここに泊まるようになったかというと、当時は景洪からも勐海からもバスの便が悪かったということにある。日曜日の市は夜明けとともに始まり、昼頃には終わってしまうので、市を見るためには、前日ここに来て泊まるしかなかったのだ。ところが、バスの便が良くなってくると、市の立つ朝に町を出れば間に合うようになった。だから、一時期よりも外国人が泊まるということは、むしろ少なくなってしまったようだ。

たぶん、これから北タイからミャンマーのチェントンを経由して雲南まで通じる観光舗装道路が完成すれば、もっと観光客は分散し、ここだけが特別の村ではなくなってしまうだろう。そのとき、村は再び静けさを取り戻すかもしれない。

サイコロ博打の娘

勐混からさらに南に向かう。国境に近づくにつれてゴム畑が多くなる。

打洛の町に着いた私は、タイやミャンマー製品を商う商店街の一角にある、一九八六年には見られなかった立派な招待所に荷物を置き、ミャンマーのほうへ向かって歩いていった。町のなかを南覧河（ナンランフー）が流れている。実際の国境線はこの橋を渡ってさらに三キロほど南に行ったところだ。

橋の上にはタイ族の女性が二〇人ほど並んでいた。ミャンマーのチェントンでも見られる動物サイコロ博打である。でも、ここで使われているのは動物ではなくて、普通の数字が描いてあるサイコロだ。

実際の国境には、一メートル三〇センチほどのコンクリート製の柱が立っている。漢字で「中国」、反対側にはビルマ文字で国名が書いてある。柱の周りには屋台が出ていて、たまに来る観光客に、ミャンマーから運んできた玉石、お金、アクセサリーなどを売っている。国境の検査駅には検疫所があって、ミャンマーからやって来る車両は停車を命じられ、係員の噴霧器による消毒を受けなければならない。ミャンマーよりは文明国なのだということを見せつけているのだろうか？

さて町の屋台で夕食をとってから、私はもう一度橋へ行った。もちろんサイコロ博打に挑戦するためだ。この博打を地元では「マクロー」と呼んでいたが、何語でどんな意味なのか、だれに聞いてもわからなかった。ただミャンマーからやって来たことは間違いないようだ。

街灯がないので、みんな蠟燭（ろうそく）を置いている。遠くから見ると蠟燭が一列に並んで黄泉（よみ）の国に迷い込んだような気分になってくる。マクローをやっているのはみんな地元のタイ族の女性たちで、「遊んでいきなさいよ」とニコニコして声をかける。適当な台（実は一番かわいい娘がやっている台）に私は座る。

ルールはミャンマーと同様、一から六までの数字にお金を賭けるわけだが、三つのサイコロのうちひとつでも自分の賭けた数字が出れば、賭け金が二倍になって返ってくる。もしふたつの数字に同時に賭けてその目が出れば賭け金の三倍（ミャンマーでは六倍だった）が返ってくるというものだ。

賭け金はほとんどが一元や二元。人によっては五角というのもある。別にこの博打で一財産を築こうというものではなく（なかにはそういう人もいるかもしれないが）、地元のおっさんなどが仕事帰りに、ちょっとマクローで儲けてタバコ代にしようという程度である。まあ、日本でいえば、パチンコ屋に寄るようなものだ。
さて、マクローの台に向かって座り、ヒモを引くと、上に引っ掛けてあった三つのサイコロが台を転がってくる。私は、初めの四回五回は様子をみて、出やすい目を知ることにした。サイコロは機械でつくられたわけではなく、人が削ってつくったものだから、ひとつひとつの数字がかならずしも確率六分の一で出るとは限らないのだ。かならず癖があって出やすい目があるはずだ。
そのときは一と六が出やすい目だったので、私は六に賭けて、以後ずっと六に賭け続けたのだが、これが面白いほど勝ち続けた。
「六だ！　六来い！」と私。「一、三よ！　一、三よ！」と娘が叫ぶ。でもまた六が出る。私は笑いが止まらなかったが、反対に彼女はさっきのニコニコ顔がいつの間にか真剣な表情に変わっていった。
そのうち周りのタイ族女性たちが、どうしてこの男は勝ち続けるのだ？と疑問に思ったらしく、自分の商売をそっちのけでこの台の周りに集まってきて、彼女にアドバイスする。サイコロに水をかけたり、自分の座る場所を変えて縁起をかつぐ。そんな非科学的なおまじないよりも、科学に裏打ちされた確率を信じていれば、絶対負けるはずがないと私は内心ほくそ笑む。
やっぱり六は出る。当然なのだ。しかし、そのうち彼女は泣きそうな顔になってきた。そして蠟燭に照らされた娘の悲しそうな顔は、科学を超えて私の心に微妙に影響してしまった。なんだか勝ち続けるのが悪いような気になってきてしまったのだ。そう思ったら、たぶん勝負は負けなのだろう。日本人にしたら一元はたった一三円にすぎないが、彼女にしたら大金だなどと、変な気を遣う。そうしたいらない同情はかえって彼女には失礼なのかもしれない。
そうこうしているうちに、どこからか別のサイコロを持ってきて、それを使いだした。私の甘っちょろい同情など、すぐに消し飛んでしまった。当然一と六は出なくなり、だんだん負けていった。そこでやめれば良かったのだが、彼女の泣きそうになる顔をもう一度拝みたくて、出やすい目を知ろうと何度かやってみた。かねてから自分のマゾヒズムは心得ていたが、サディスティックなところもあるとは新しい発見だった。蠟燭に照らされた彼女の顔がだんだんと歪(ゆが)んでいくのを見ているのが快感に思えてならないのだった。

しかし、今度のサイコロはどうも「良い」サイコロだったらしく、どうしても一定の目が出ない。そのうち、いつの間にか一〇元をすってしまった。でも一〇元で三〇分遊べたのだからよしとしよう。

翌日、またこのマクローの台の前を通ったが、彼女は一切私とは目を合わせなかった。そればかりか「遊んでいきなよ」という声を、だれからもかけられなくなってしまったのは、寂しいかぎりだった。

打洛のような田舎では、まだほとんどのタイ族女性は民族衣装であるサロンを腰に巻いて、ブラジャーが透けて見えるくらいの短い上着を着ているのだが、マクローをやっているタイ族の女性のなかに、髪を短くしズボンを穿いて、まるで漢族のような格好をしている一七歳くらいの娘がいた。

彼女によれば、マクローが打洛で始まったのは一九九三年の四月からだという。台はミャンマーから買ってきた。どうして、動物ではなくて数字なのか？と尋ねると、ミャンマーで動物を使っているのは知っているけれど、あれは子どもが遊ぶものよ、と言う。でも、あの動物のほうが情緒があっていいと思うのだが。中国人はもっと現実的なのだろうか？　中国では数字を読める人間が多いが、ミャンマーには多くなかったということなのかもしれない。いずれにせよ、マクローも近代化すると、動物ではなくて数字になってしまうということだろう。

しかしおもしろいことに、マクローが許可されているのは、橋以南のミャンマーに近い国境周辺だけだという。つまり、中国では博打は禁止されているので、橋の南側だけは、半分外国ということらしい。

テレビが運んでくる貧困感

私は打洛からいったん勐海まで戻り、そこから今度は乗り合いバスで、布朗山（プーラン）へと向かった。布朗山というのはプーラン族が住む山という意味だが、茅葺（かやぶ）きの民家が三〇～五〇軒ずつまとまった村が、数キロおきに点在している。

外国人の顔など初めて見たらしく、村人の半数以上が集まってきて私を観察した村などもあった。かと思うと、売店が三軒もあり、私の姿をめざとく見つけた青年が売店のおばさんに入れ知恵をして、ソフトドリンクやビスケットを三倍の値段で売るような「開けた」村もあった。

マンオーという名の村には、一番高い場所に寺が建っていた。プーラン族も南方上座部仏教を信仰しているのだ。ちょうどタイから来たという僧侶が数人、そこに泊まり込んでいた。翌日に村の子どもの得度式があり、彼らはその監督もつとめるという。

寺から村に坂道を下りていったとき、ある民家のおばさんからお茶に呼ばれた。

高床式住居の階段を上っていく。ベランダからなかへ入ったが、目が暗さに慣れるまで、しばらく時間がかかった。部屋の中央にある囲炉裏（いろり）では薪が燃えている。私はそのそばに座ると、おばさんはホーローびきのカップにお茶を注いで出してくれた。

私は、どこから来たかだの、これからどこへ行くだのという話をし、彼女は村の生活を話した。その合間に、彼女は何度か「私たち少数民族は貧しいよ。あなたたち漢族は裕福だ」と言った。私はそのたびに「いえ、違います。私は漢族ではなくて日本人です。外国人ですよ」と説明する。しかし彼女にはよくわからないらしい。彼女らにとって、漢族も外国人もそれほどの違いはないのだろう。いずれにしても、外から来た金持ちには変わりないわけだから。

高床式タイ族の民家。藁葺き屋根も見えるが最近はスレート葺きが増えてきた

部屋を見回すと、それほど多くない家具のなかに足踏みミシンとテレビが目に入った。この四〇戸ほどの村でテレビを持っている家は数軒だというから、彼女の家は金持ちの部類に入るのだ。彼女のお兄さんがタイに出稼ぎにいったということだった。

「テレビは、どんな番組が好きなんですか？」と尋ねた。

「私はテレビ見るの嫌いなのよ」とおばさんは言う。

「どうしてですか？」

「私たちは、毎日毎日、山へ行って木を切ったり、畑に種を蒔（ま）いたり、仕事をしないとダメでしょ。それなのに、アメリカ人も、フランス人も、日本人も、みんないいところに住んで、綺麗な着物を着て、おいしいものを食べて、毎日遊んで暮らしている。そんなもの、私は見たくないね」

なるほど、彼女がことあるごとに「私たちは貧しい」を連発したのは、このテレビのせいかもしれない。彼女の兄がタイに出稼ぎにいって金をつくってきた。村でも金持ちになった。金持ちになって、さて何をしたかというと、テレビを買った。そして喜々としてテレビを見始めたら、そこに映っているのは、外国人の豊かな暮らしぶりだった。金持ちの象徴であったはずのテレビを買って、逆に貧しさに気がついてしまった。

これと同じようなことは、北タイのカレン族の村でも聞いた。そこには地元のカレン族の娘と結婚して住みついたスイス人がいたが、彼はこう言った。

村の戸数は八〇戸で、そのうちテレビがあるのは五戸。テレビがなかった頃は、村の生活はそれなりに幸せだった。でもテレビに洪水のように映し出されるのは、車、バイク、テレビ、化粧品のコマーシャル。コマーシャルを見ているうちに、そういう物を持っていないのは、貧乏だ、不幸だと思うようになってきた。だからといってすぐ買えるほど村人は金を持っているわけではなく、ますます自分は貧乏だと思っていく。いったい何のためにテレビを買ったのだろうかと。

もっともプーラン族のおばさんは、テレビドラマがフィクションだとはわかっていないらしく、時間が経てば、アメリカ人や日本人がかならずしもみんながみんな裕福で毎日遊んでいるわけではないことを知るだろう。そして戦争や飢餓で自分よりもひどい生活を強いられている人たちのこともきっと知るはずだ。

中国・ミャンマー・タイ・ラオス四カ国の国境地帯に住む人々の生活は、急激に変わっている。観光業で一財産を築く人や、古い文化をおしげもなく捨て去る人、ここにはいろんな人生が見え隠れしている。しかし、どんなに山奥の村に住んでいようとも、近代化とは無縁ではいられない。近代化の触手は、山奥まで伸びる。人がひとりやっと通れるような細い道を伝っても。そして空からはテレビの電波に乗ってやって来るのである。

勐臘（モンラ）――緑三角

中国人の優越感

西双版納（シーサンパンナ）タイ族自治州は景洪（ジンホン）、勐海（モンハイ）、勐臘（モンラ）の三県に分かれている。そのうち勐臘県はラオスとミャンマーに接している雲南（ユンナン）省の最南端だ。源流のチベット高原から山のなかを流れてきたメコン河も西双版納を出たあとは「瀾滄江（ランツァンジャン）」から「メコン」に名前を変えて、ラオスとミャンマーの国境をつくって流れていく。

景洪から勐臘行きのバスは頻繁に出ていて、新しい舗装道路が完成したので、五時間ほどで着くようになった。途中タイ族、アク族、アイニ族の村を通り、ゴム林やパイナップル畑を抜け、いくつかの「自然保護区」の看板も通過する。

勐臘の町には、衣料品や日用雑貨を扱う問屋がメインストリートの両側に並んでいて、ラオス人が品定めしているのをよく見かけた。市場の裏の駐車場には、ラオスナンバーをつけたトラックが一〇台ほど止まっていた。そこで荷物を積み直していたラオス人に話しかけたら、衣料品をルアンプラバンへ持っていくという。

今、勐臘の中心から四キロ南に「新城経済開発区」を建設中だと聞いたので、訪ねてみた。ラオス人と中国人の交易所になる平屋づくりの長屋が並んでいたが、開発は始まったばかりのようで、大部分の土地は工事中だ。田畑がつぶされて整地されていた。

その長屋には店舗が六〇軒ほど入るそうだが、現在うまっているのは二割ほどだろうか。そこで店を出していた人が、私を視察に来た商人だと思ったらしく「あなたもここに店を出したらどうですか?」などと言う。ラオス人はここに来て何を買うのか?と聞いたら、
「なんでも買うさ。向こうには工業製品が何にもないんだから。マッチさえないんだよ。遅れた国さ」
その言い方が、以前ロシアとの国境で話をした中国人の口調とまったく同じだった。経済成長の著しい中国人は、優越感をあらわにしてロシアには物がないことを強調するのだった。
長屋にはラオス人の店もあった。品物を見ると、タイの製品(車の部品、化粧品、香水、洋酒、タバコなど)が多く、ラオスの製品はビエンチャンの銀製品だけだった。
そこで知り合ったラオス人の若者はその店の経営者の甥で、中国に来て二カ月経つという。従業員の娘たちと毎日中国語で話をしているせいか、ずいぶん中国語も上達していた。冗談を飛ばし合い、からかったりからかわれたり、なかなか楽しそうだ。今のところ客も少なくて暇そうだが、そのうち交易が盛んになれば、彼が覚えた中国語が役に立ってくるのだろう。娘たちと遊んでいるように見えても、これは彼にとっては仕事の一部なのだ。それにしてもいい身分である。羨(うらや)ましくなってしまう。

日本軍の墓場

瀾滄江は雲南省から出ると、ラオスとミャンマーの国境をつくり、やがてゴールデントライアングルまで流れていくわけだが、五〇キロだけ勐臘県とミャンマーとの国境にもなっている。
瀾滄江に面した村、関累(ヴァンレイ)が将来「湄公河上中国第一村(メコン河の中国第一番目の村)」ということになり、タイやラオスから河を遡ってきた国際船はここに立ち寄ることになるそうだ。しかしここもまだ工事は始まったば

かりで、リゾートバンガローの工事が先行して行なわれている。
工事現場には垂れ幕が下がっていた。
「走向東亜、走向世界（東南アジアに向けて、世界に向けて）」
ここから二十数キロ、メコンを下ったところに「緑三角」と呼ばれる、中国・ミャンマー・ラオスの三角地点があるのだが（ちなみにミャンマー・タイ・ラオスが接しているところを「金三角」と呼んでいるので、それにひっかけているのだろう）、中国人はそこまで観光できる。しかし残念ながら、一九九四年二月現在、まだ我われ外国人にはオープンしていないということで、国境警備の詰所では私に許可を出してくれなかった。
瀾滄江の対岸はミャンマー。鬱蒼とした原生林である。一方こちらの中国領は、一部原生林も見かけるが、ほとんどはゴム林で、人の多さを否が応でも感じてしまう。国境付近には一九六〇年頃から漢民族が入植し、ゴム林をつくり始めたという。だから国境に近づくほどゴム畑が多くなるように感じられる。
タイのチェンマイから雲南の昆明（クンミン）に飛行機で飛んだとき、山が突然パッチワークのような模様に変わり始めたところがあったが、そこがミャンマーと中国雲南省との国境線だったようだ。ミャンマーの山は緑が多かったが、雲南省の山にはずいぶんたくさんの人の痕跡が見られた。実際こうして地上に降りてみると、なるほどとうなずける。パッチワークの模様はゴム林だったのだ。
望遠レンズで対岸を覗いたら、数軒の建物と日本製らしい乗用車が一〇台ほど一列に並んでいるのが見えた。タイから運ばれてきた日本車らしい。後日、北ラオスへ行ったときも、同じような日本車の墓場を見た。一年前までは盛んにミャンマー、ラオスから日本車を輸入していた中国が、突然輸入を禁止した。それで行き場を失った日本車がとんでもない田舎に整然と並んでいるのである。妙な光景である。

山の斜面にずらりと立ち並ぶアイニ族の民家は壮観だ。高床式はタイ族と似ているが、内部は男部屋・女部屋に分かれている

この男はどうかわからないが、『魏志倭人伝』の一節「皆、黥面文身す」と同じか、タイ族の男も刺青をする習俗があった

緑三角と金三角

今のところ、一カ月に一便だけ景洪からゴールデントライアングルへ行く観光船があるらしいが、対岸のミャンマー側にもリゾートバンガローが建設中だというし、そのうち我われ外国人も通れるようになれば、このあたりもだいぶ様変わりしてしまうのだろう。そのときには、日本人の観光客も来るだろうからと、リゾートバンガローの責任者は、入社したての従業員の女の子に、日本人の礼儀を教えてやってくださいよと言って笑った。その女の子は、映画かテレビで見たのだろう、「アリガト」とか言いながらお辞儀をしてみせた。彼女は「これでいいでしょうか?」と聞いた。形は似てるが、何かが違う。

二十数人いる従業員はみんな若く、一〇歳代前半から二〇歳代前半の若者だった。みんな地元勐臘県出身の漢族、アイニ族、タイ族たちで、入社してすぐここに配属になったという。そのなかにラオス人の若者がひとりいたが、彼は船の操縦を教えにやって来ているのだそうだ。そういえば、河岸につないである観光船は見覚えのあるラオスの木造船だった。この会社ではこれを買い入れて、ついでに操縦も習っているとのこと。ラオス人がここに来て一カ月。まだ彼は片言の中国語しか喋れないが、みんな世代が同じなので和気あいあいとやっている。ラオス人の冗談にみんな笑いころげていた。

ラオス人から船の操縦を教えてもらっている青年は、景洪の高校を卒業してこの会社に入った。ここから上流は水路を妨害する大きな岩や浅瀬を爆破して通りやすくしたが、下流は中国だけではできないので、まだ手をつけていない。だから流れも急だし、河底から岩も突き出ているので、危なくて走りにくいのだという。

「四月のタイ正月には家に帰ってこいと父親が言うんですが、その時期は緑三角に行く観光客もたくさん来るだろうし、たぶん忙しくて帰れないと思います。とにかく今は早く操縦をマスターしなければなりません。やることはいくらでもあるんです。そして操縦をマスターしたら、念願の国際線にも乗れます」

「タイへは行ったことがないんですか？」
「緑三角までは行ったことがあるんですが、金三角にはまだです」
「早く行きたいでしょう？」
「そうですね。将来メコンの国際観光船が本格的に行き来すれば、僕も念願の金三角に行けるんですが……。そのときは、あなたを乗せて金三角まで行きますよ」
この青年ばかりではなく、ここで働いている若者たちはみんな生き生きしていた。新しいことがここで始まろうとしている。もしメコンがいまだに戦乱の河だったとしたら、考えもできなかった仕事なのだ。しかも今まで「辺境」として、開発からは取り残され、「行き止まり」としての場所でしかなかった。それが今度は、その「辺境」故に、外国への出入り口になったのである。何が幸いするかわからないなと思う。
そういえば、外国人にも有名な、昆明の南西一三〇キロに位置する石林（シーリン）のサニ族（イ族の一支系）の発展ぶりも、似たような理由がある。もともとそこは、「石林」の文字通り石がゴロゴロして農業には適さない貧しい場所だった。ところが、観光業という新しい産業が発達してきて、今まで邪魔以外の何物でもなかった多くの奇岩や奇石が、観光の目玉として逆に彼らを助けたのである。
夜は、バンガローに泊まった。ファンもないので、夏は暑いだろう。ここからタイまで、船で下ればアッという間だ。ようやくメコンが交通路としてクローズアップされてきた。国境地帯の多くは、将来の観光業や貿易業のための開発が始まったばかりだ。これからどう変わっていくのかだれにもわからない。今までにない急激な環境の変化もここに襲ってくるだろう。そのとき、ここに住む人間も自然も新しい問題を抱えるかもしれない。今は、期待と不安の両方を感じながら、始まりをただ固唾（かたず）を呑んで見守っているという状態だ。
ゴーというメコン河の水音が響いてくる。かなり激しい音なのに、なぜか水音というのはうるさく感じない。

ふと、あの源流で投げ入れたミネラルウォーターのビンは、今頃どこを流れているのだろうか？と思った。青白い月の光を受けて流されてゆくビンが脳裏に浮かぶ。すぐにそのビンは岩に挟まった。水の力で、ビンは岩と岩の間にめり込んでいき、ちょっとやそっとでは取れそうにもない。何とか水の量や方向を変えて、ビンを脱出させるようにイメージするが、なかなか岩から外れてくれない。やっとのことで、岩から脱出したビンは、再び滔々とした流れに乗って下流を目指した。

心地好い水音を聴きながら、私は眠りについた。

第二章

中流域

ミャンマー、ラオス、タイ

上／チェントンの顔ともいえる南方上座部仏教寺院のマハミャットムニ
下／チェントンの寺ワットインで経典を勉強する若い僧侶

〈右ページ〉
メコン河の支流を遡っていったところにあるミャンマー・シャン州チェントン。1960年代まで、代々、クン族（シャン族の1支系）の「ソーブワ」と呼ばれる土侯によって統治されていた。町には南方上座部仏教の寺が点在し、落ち着いた雰囲気である

チェントンの市場。この市場には、シャン族、ビルマ族、アカ族、漢族など10を超える民族が集まる。メコン流域で最も数多くの民族が集う、代表的な市のひとつ。日用品はタイと中国からの輸入品がほとんどだ

朝靄が立ち込めるなか、チェントンのマーケットに人が集まり始める。ここで朝食にシャン族のライスヌードルや中国ふうのおかゆなどが食べられる

〈前見開き〉
チェントンの街中にあるノントン湖。
朝靄に包まれながら漁をしている

チェントンで葉巻を商う男。メコン流域で葉巻を見かけたのはミャンマーだけだった。南方上座部仏教を尊び、土着のカミ信仰をもつミャンマー人のなかには、奇跡を起こす高僧のブロマイド写真や形見の品を肌身離さずもち歩く人もいる。風貌に似合わず、この男も82歳で亡くなった高僧の写真を大事そうにもっていた

〈右ページ〉
6種類の動物の絵にカネを賭ける博打「チャウカンジン」。3つの賽を振って1つでも同じ絵柄の目が出ると、賭け方に応じて賭け金が2倍以上になって返ってくる。雲南省南端の国境でも同じ博打を見たが、そこでは、動物の代わりに数字を使っていた

チベット・ビルマ語系に属すると思われるアク族の女性。銀製の耳飾りが重くて、福耳のように耳朶が延びている。彼女の村には小さな教会があり、キリスト教を信仰している

〈左ページ〉
左上／モン・クメール語系の民族に属するワ族の母親。ワ族は中国・雲南省とミャンマーに跨って住んでいる
右上／アン族の男の歯は、ビンロウ（ビンロウ樹の実を用いた嗜好品）やタバコのヤニで真っ黒になっていた。彼は旧式の先込め銃をもっていて、カネを出せば撃たせてやると言った
左下／ミャンマーでは一般的に見かける日除け・虫除けの「タナカ」を顔に塗ってチェントンの市場に来ていたヤオ族
右下／クン族には自分たちのルーツが日本人という伝説がある。ウーイーティッノエさんがクン語で書かれたという年代記を見せてくれる

タイ北部のゴールデントライアングル地帯は、タイ
南部の広大な水田地帯とは違って山の斜面を利
用した畑作が多い。焼畑では陸稲もつくっている

〈右ページ〉
上／刈り取った稲を大きな箕の内側に打ちつける脱穀
作業は豪快だ。タイ北部、メーサイ郊外の田んぼで
下／高台からゴールデントライアングルを見渡す。手前
がタイ、左奥がミャンマー、右奥がラオス

上／この村の山岳民族は中国から移り住んだ。そのこともあって、彼らも中国正月（春節）を祝う。私は正月をこの村で迎えることになった
右下／祖先の霊や天地の霊を祭った神棚には、家人が元旦の早朝、餅、豚肉、線香、花のお供えをする
左下／会場の中心に「コシラズ」と呼ぶ新年の木を立て、男が楽器を弾き、女たちはゆったりと踊りながら周る

モン族は19世紀末頃に中国からタイ北部に移り住んだが、中国ではミャオ族と呼ばれる。刺繍やアップリケが得意で、伝統的な模様は代々母親から娘へと受け継がれる

タイ北部のモン族は中国正月（春節）を祝い、鞠投げをして遊ぶ。モン族の文化には餅つき、羽根つき、納豆、甘酒、馴れ寿司など、日本と似たところがある

刃物でつけたケシ坊主の傷口からに
じみ出す液を集めたのが生アヘン

〈右ページ〉
ゴールデントライアングルにおける麻薬犯罪の撲滅を進めるタイ政府だが、北部タイにはまだケシ畑が残っていた。現地の若い男にガイドを頼み、藪をかき分けてたどり着いた1アールほどの畑では、生アヘンの採集期を迎えていた。撮影から1年後、麻薬王と呼ばれるクン・サーの私兵部隊とミャンマー政府軍との間で再び激しい戦闘が起こり、北部タイとミャンマー・シャン州を結ぶ国境の橋は封鎖されてしまった。依然として麻薬問題は解消していない

ゴールデントライアングルの8kmほど下流の町、チェンセーン郊外にある寺院ワットプラタートパンガオから望んだメコン河の流れ。河を挟んで右側がラオス、左側(手前)がタイ。寺では、ラオス人の僧侶も修行していた。思いつめた表情のこの若い僧は、一所懸命、仏塔の掃除をしたので、どうもお腹が空いていたらしい

象に乗ってタイ北部をトレッキングできるが、ときどき噴き出す鼻水が背中に乗った観光客を悩ます

〈左ページ〉
上／タイ東北部の市場で売られていたランブータン。半透明で甘酸っぱいこの果物は雨季が旬で、1kgあたり日本円で50円ほどで買える庶民の食べ物である。夕方、バイクでやって来た主婦たちが、惣菜などといっしょにkg単位で買って帰る
中／乗り合いのトラックバスで帰宅する学生たち。屋根の座席は風も吹いて快適だ
下／ゴールデントライアングルのゲストハウス。この集落に住むのは中国系の人たちで、中国語の映画をテレビで鑑賞

25

4828-66

ルアンプラバンのプーシーの丘からメコン河を望む。茶色い屋根の寺院はワットマイ。4月には王宮博物館に納められている「パバーン仏」がここに運ばれ披露される

〈前見開き〉
ラオスとタイの国境づたいに流れるメコン河で泳ぐ子どもたち。その横では国境警備の兵士も水浴びしていた。国境に位置するここファイサイでは、ラオスとタイが対立していた頃には考えられなかった平和な風景である

上／プーシーの丘からは、椰子のなかに民家が点在するルアンプラバンの町並みも見えた
下／ワットマイは、5層の屋根と、地元民の伝統的な暮らしや伝説が描かれた黄金の壁画が見どころ

パクベン村の船着き場だが時刻表などはもちろん無い。女性がいつ来るかわからない船の到着を待っている

〈右ページ〉
子どもたちが遊ぶルアンプラバンの路地裏。突き当たりにはメコン河が流れる

ラオスでは、子どもが弟・妹の面倒をみている姿をよく目にする

ルアンプラバンの町と対岸を結ぶ渡し船。対岸は小さな集落で商店がないので、村人が買い出しにやって来る

ルアンプラバンから北のパークウー洞窟へ向かう途中の中洲では、乾季に砂金を採っている

もち米を蒸して一日分のおこわをつくるのは朝の仕事だ。朝食の準備をする渡し船の船頭

ルアンプラバンから乗った約30人乗りの飛行機は徐々に高度を下げ、ビエンチャンの空港へ降り立った。写真は着陸直前のメコン河

ビエンチャンの朝、学校へ向かうのだろうか、バイクに乗った母親と子どもたち

〈左ページ〉
1960年代に建てられたビエンチャンのシンボル、独立記念塔。前のランサーン通りを朝の通勤ラッシュのバイクとモーターサムロー(三輪車)が埋める

タートルアンの階段の
欄干を飾る龍。龍は雨
や水を司る神様である

高さ45mのラオス最大の仏舎利塔、タートルアン。現在の塔は16世紀半ば、セタティラート王がビエンチャンを王都と定めたときに建立された

メコン流域は、雨季と乾季の2つの季節に分かれる。雨季は5月から10月頃まで。午後2時、突然スコールがきた

タイのノンカイとラオスのタードアを結ぶ国際渡し船。ミタパーブ橋ができるまで唯一の国境越えの交通手段だった

〈前見開き〉
タイのノンカイとラオスの首都ビエンチャン郊外を結ぶ初めての橋「ミタパーブ」が、1994年4月に開通した。メコン流域の新しい時代の到来を象徴する橋である。しかし、ノンカイ郊外では、まだ伝統的な漁の風景も見られた

右／ラオス・サバナケット郊外の水田で田植えをする家族。稲作は5月～10月の雨季にしかできない
左／サバナケットの水田で田植えをする女性。水牛を使った代かきのあと、田植えはすべて手作業だ

タイ・ノンカイの早朝、托鉢の僧たちが列をつくって街中を歩く。近所の人たちが一人ひとりにカオニャオ（おこわ）などを寄進

上／パクセは、なんでもそろう「タラート」(市場)を中心にして町ができている。ラオス人の主食であるおこわやいろいろな惣菜を売っていた
下／パクセの市場で大量の唐辛子を売る女性。辛いラオス料理にも唐辛子は欠かせない

〈右ページ〉
ラオスの南部の町パクセ近郊を走る乗合バスは、日本製トラックを改造したもの。バスがメコン河を渡るフェリーに乗り、ゆっくりと岸を離れた。乗客が、米の麺を買っておいしそう食べていた

〈左ページ〉
2月に訪れると、ラオスの国花チャンパー（プルメリア）の花が咲きほこり、境内には、甘いよい香りが漂っていた。3kmほど先にはメコン河の流れが見えた

クメールの寺院遺跡ワットプー。現在残っている建物は11世紀頃に建てられたと考えられている。当時、ここはクメール帝国の支配地域であった。ワットプーの神殿には現在、仏像が祀られ、南方上座部仏教の寺として地元の人びとも参拝にやって来る

パクセからメコン河に沿ってカンボジア国境に向かう幹線道路は、まだ舗装されていない。乾季は埃だらけ、雨季には泥だらけになる。少年が、河の水でトラックを洗っていた

ラオス南部、カンボジアとの国境に近い、メコン河最大の中洲コーン島。島では水田がつくられている。刈り取った稲を板に打ちつけて脱穀していた

「ラオス最大の島」コーン島はラオスでも豊かな土地だという。日中の暑さも和らぎ、家々の外では夕涼みする人や、子どもたちの遊ぶ姿が見られる

メコン沿いだから水には苦労しないと思われがちだが、電動ポンプなどないので、バケツで水を運び上げるのは重労働だ

コーンパペーンの滝壺は魚が集まるポイントらしく、近くのタコ村の男たちが投網で魚を捕っていた。この滝の西側、バンコン島周辺にはカワイルカが30頭ほど生息している

〈左ページ〉
ラオス南端、カンボジアとの国境に近いソンパミットの滝。ここが別名リーピーの滝である。このあたりは早瀬、滝、島などが多く、「4000の島」と呼ばれている

〈前見開き〉
ラオス南端のコーンパペーンの滝。メコン本流の滝では最大のもの。落差15〜20m、幅約150m。周辺は浅瀬や滝が多く、上流・下流の往来を妨げている。1860年代にフランス人、ドゥダール・ドゥ・ラグレはメコンの探検を試みたが、この滝を見て、中国までの通商路にする企てを断念したという。メコン河はこのあと、カンボジアへと流れてゆく

〈次見開き〉
夕方になって、水遊びから家に帰る兄弟。平和なこの島では、カメラを向けられることなどないらしく、恐怖にかられたのか、全速力で走り去った

ミャンマー・シャン州――ある占い師の話

チェントンのディスコレディー

タイ最北端の町メーサイは、ミャンマーとの国境貿易で賑わっていた。昔は地元民が行き来していただけの国境の橋は、我われ外国人の往来も可能になった。一九九四年一月現在、対岸のタチレクの町だけなら一日五ドルを払うだけ、チェントンまでは一八ドルの入国料を払い、一〇〇ドルの強制両替をすればいい。手続きはとても簡単だ。地元の人はもっと簡単で、ミャンマー人は二バーツ、タイ人は五バーツを払うだけ。だから、日中タチレクからメーサイに働きにきて、夕方帰っていくミャンマー人が多かった。

ところが、一九九五年、この国境は再び閉まってしまった。それは、ミャンマー側で麻薬王クンサーの軍隊と、政府軍の戦闘が始まったからだ（その後も国境の開放と封鎖が繰り返されている）。

九四年に話を戻そう。チェントンまでは途中二カ所、工事待ちで、車はそのたび一、二時間待たされた。一年前にも私は同じルートを通ってチェントンまで行ったのだが、そのときはまだ工事は行なわれていず、鎖をつけられた囚人が、監視官に見張られながら、ツルハシを使って細々と道路の補修をしていただけだった。

今回は、タイの土木会社のショベルカーが、ガリガリと無造作に山を切り崩し、土砂を谷に落とし道を広げていて、掘り返された土の匂いがあたりに漂っていた。タイ・ミャンマー・ラオス・中国の四国国境地帯を一周する環状観光道路の工事が去年から始まったという。道路が完成したら、このあたりの風景もずいぶん変わってしまうのだろう。
一〇時間ほどかかってチェントンに着いた頃には夕暮れが迫っていた。町に入ってみると、見覚えのある通りや建物などはそのままだったが、バイクだけは増えたような気がした。
ひとつしかなかったホテルのほかに、一泊一〇ドルのゲストハウスがオープンしていた。町の真ん中にあるノントン湖の周りには、カラオケバーやディスコが建ち始めていた。ミニスカートを穿いたシャン族の娘たちがミラーボールの下に立ち、一曲一〇〇チャット（約一〇〇円）で踊りの相手をするために、声がかかるのを待っている。彼女たちは、村内選りすぐりの美人たちで、ここで働けることは一種のステイタスともなっているという。まだディスコに慣れていない初々しさが、少女たちの顔には表れていた。
シャン州は、近世までビルマ王国の貢献国だったが、一九世紀の末、ビルマとともにイギリスの植民地になった。三〇以上の土侯国に分かれ、代々「ソーブワ」と呼ばれる土侯によって統治されていたが、植民地時代もイギリスの分割統治を受け入れ、かろうじて土侯制度は保たれていた。一九六二年、ネウィンがクーデターで政権を掌握したあと、チェントンの最後のソーブワであったサオサイロンも一時牢獄につながれて、完全に土侯制度は廃止された。
昔チェントンの町は、城壁で囲まれていて一二の門があったが、今はそのなかのひとつだけがかろうじて残っている。城壁も門も交通の妨げになるという理由で取り壊されたそうだ。ソーブワの王宮も二年前に壊されたという。チェントンホテルの建つすぐ隣の敷地が王宮跡なのだが、今は瓦礫が散乱するただの空き地になっている。観光地化を進めているのだから、そのうち博物館か何かができるのだろうか？

チェントンの中心にあるノントン湖。小坊主が托鉢に行く。この早朝の静けさとは違って、夜はミニスカートの女の子たちが湖に浮かぶディスコで踊り、タイや中国の歌をカラオケで歌っている

しかし、タイの町に比べれば、まだ古都の趣は充分に残っている。ホテルを出たところにある、チェントンの顔ともいえるマハミャットムニをはじめとして、町で一番古いワットトインなど、いくつかの南方上座部仏教寺院が点在している。

エリートジョン

タイのメーサイで、チェントンになるべく安く行く方法を調べているとき、偶然タイのホテルで働いているミャンマー人と知り合った。彼は英語を流暢に喋り、明日から三日間は仕事が休みだというので、いっしょにチェントンまで行ってもらうことにした。その青年がジョンだった。

ジョンはミャンマー人のなかではエリートといえるのかもしれない。タイの一応名のあるホテルの従業員として働いているのだから。彼はこのチェントンの旅にも、ホテルの従業員であることを示すＩＤカードを胸につけ、いつも使っている携帯電話と、カメラを提げてきた。カメラはわかるし、ＩＤカードもわからないではない。しかし携帯電話はどうかと思う。絶対に使うはずがない携帯電話を、これみよがしに提げて歩く。そして彼は地元の人間に、最初は英語で話しかけるのだ。もちろんミャンマー人は英語をよく喋るし、民族が違えば英語が共通語にもなるらしいので、英語で話しかけるのが、かならずしも格好をつけているわけではないだろう。しかし、どう見てもビルマ族だと思える人にも、英語で話しかけ、あとで「僕は外国人に見られましたよ」と嬉しそうに言うのだった。彼のエリート意識は少し鼻持ちならないところがあったが、あとで、彼も意外に信心深い人間であることを知った。

チェントンには、ジョンの友人がいた。ウーミンスエさんという、葉巻を商っている五〇過ぎのおじさんだ。彼らといっしょに西の山寺に上った。タウンジーへ通じる道を四キロほど行って、山の上に通じる道に入った。

途中にタクシーを置いて、あとは三〇分ほど歩いて上った。

水田や畑に囲まれたチェントンの町が見え、その後ろには中国との国境をつくる山々が連なっている。チェントンの町は大きな盆地のなかにあることが手にとるようにわかる。

寺の名はタンモンガイ。数年前に、ここで高僧が七二歳で亡くなったそうだ。ところが、その高僧の死体は少し干からびただけで、今でも腐っていないという。彼は生前、菜食主義で通し、薬物も一切とらなかった。この「奇跡」はシャン州全域に知れわたり、最近ではその高僧が身につけていた黄衣を、危険を避けるお守りとして、兵士たちが欲しがっているのだそうだ。

その貴重な黄衣の切れ端をプレゼントすると、寺の若い僧は言う。私はあまりにも恐れ多いので辞退したのだが、外国人が訪ねてきたのは初めてでもあり、是非もらってほしいと言うので、いただくことにした。僧は、サフラン色の黄衣の切れ端を手に持って、五分間ほど読経した。そのあとうやうやしく手渡された。これを肌身離さず身につけていれば危険を避けられる、と僧は言った。

その高僧ばかりではなく、ミャンマーには奇跡を起こす僧がたくさんいるらしい。

シャン族の占い師

夜、私はウーミンスエさんの知り合いの、シャン族の占い師ウーモウモウさんの家を訪ねた。その家はノントン湖の近くにあったが、街灯もないのであたりは真っ暗だった。高床の家に向かってウーミンスエさんが声をかけると戸が開いて、ロンジーを巻いたひとりの男が戸口に立った。家のなかの電球の逆光をあびてシルエットで立つその登場の仕方は、神秘性を演出するには充分すぎる効果があった。

彼は英語を喋ることができ、「ウェルカム！」と私を迎え入れてくれた。家のなかには、仏壇があったが、上段には仏像、下段には男女二体の像が祭ってあった。その刀を携えた二体の像は、ミャンマーの精霊「ナッ」の兄妹像。ミャンマー人は南方上座部仏教と、この「ナッ」という精霊を信仰している。町にもいくつか「ナッ」を祭る祠(ほこら)があった。

しかし、ウーモウモウさんは特別信仰心が強いようだった。宗教関係の本がたくさんあり、彼はそのなかから「ダマヨーソ」という雑誌を引っ張り出して、パラパラとめくって私に見せてくれた。

ある僧は、岩穴のなかで瞑想を続けた結果、ついには空中に浮くことができるようになり、足からは芳香を漂わせている。またウォタマータラという名の八一歳になる僧は、三〇年間菜食主義をつらぬき、洞窟で瞑想を続けた結果、お経を唱えただけで、ガラスビンに入った水を沸騰させることもできるようになった。そういう奇跡を起こす僧の記事が、ざら紙の雑誌に写真つきで載っているのだ。

ウーモウモウさんが私たちの手相を見てくれることになった。彼は瞑想をしているうちに自然に占いができるようになったという。まず、ジョンが見てもらったのだが、彼はウーモウモウさんの占いを、ウンウンうなずいたり、「ザッツ・ライトゥ！(その通り！)」と叫んだりしながら聞いていて、最後に晴れやかな顔をして私のほうに振り向いて「ワンダフル！」と言った。ワンダフルというのは、つまり当たっているということなのだろう。ジョンは占ってもらってほんとに良かったという満足感に浸っていて、彼の占いは当たるから是非あなたも見てもらったほうがいいと勧めるのだった。

彼はメガネをずらしながら私の手相をしばらく見て、おもむろに言った。

「Do you like sex?(セックスが好きですか?)」

私は不意をつかれてふき出しそうになったが、周りのみんなが真面目な顔をしているので、笑いをかみしめ「イ、イエス……」と答えた。嫌いだと言ってしまえば嘘になるし、でも、三度の飯よりも好きだともいえない。

チェントンの市場ではキリスト教徒用のマリヤやキリストのポスターに混じって、シュワルツネッガーのポスターも売られている

それにしても、私の手相に一番強烈に表れているのがセックスのことだとは、心のなかを見透かされたようで、気恥ずかしい。実は、手相を見てもらうとかならず「あなたは長生きします」と言われるくらい生命線が長いので、生きることに貪欲なことが、好色の相として私の手に表れているのだとすれば、納得できないこともない。

とにかく、彼の話を総合すると、こうだった。

「あなたの人生にはある困難があるが、それを克服すれば成功する」と（当たりまえのような気がするのだが）。生涯三人の妻を持ち、このうちふたりは法律上の妻ではないと言った。しかし、いずれ私には災難がふりかかるらしい。それでその前に、マンダレーのお寺の写真を手に入れて、部屋に飾るようにと言う。それさえ過ぎれば、仕事で成功して、人に殺されることもなく、一〇〇歳までは生きるらしい。しかし大切なことは、今から四五年後に日本にパゴダ（仏塔）を建てて、仏に感謝しなければならないという。以上がウーモウモウさんの占いの内容だ。

占いを完全に信じ、満足そうな顔をしているジョン。どうだ、すごい占い師だろうと、暗に同意を求める目をして私を見つめているウーミンスエさん。そしてウーモウモウさんは、しっかり生きなさいよという優しい目をして私を見ていた。

タンモンガイの僧の話や、ウーモウモウさんの雑誌に載っていた奇跡を起こす僧たちや、彼自身の占いなど、彼らがこんな話をするときの目は真剣そのもので、「信じているんですか？」などと聞けない雰囲気だ。逆に「どうして信じないのだ？」と言われてしまうだろう。使いもしない携帯電話を持ってきて、英語で地元の人間と話す、この格好つけすぎのジョンでさえ、信心深く、ミャンマー人の信仰の篤さを見たような気がする。

ところで私はある朝、カメラを落とす夢で目を覚ました。それから一時間ほどして外出したのだが、マーケットに向かう途中でカメラが突然落下し、私はアッ！と気がついて、地面すれすれのところで手で受け止めたのだった。ストラップの止め金がカメラから外れたのだが、まずありえないようなことが起こってしまった。
いろいろな僧の奇跡話や、セックスが好きだろう？などといきなり言う占い師の話などを聞いて、怪しいなと思いながらも、こんな正夢を見たりすると、ここでは奇跡でも何でも起こりそうな気がしてくる。
麻薬とゲリラの危険な「ゴールデントライアングル（黄金の三角地帯）」は、今、中国雲南（ユンナン）省をも巻き込み、観光や交易が黄金をもたらすという意味の「黄金の四角地帯」に、イメージチェンジをはかろうとしている。チェントンもその過程のなかで近代的な町に変貌を遂げようとしており、神秘的な町の雰囲気も徐々に薄れていくのだろう。黄金は得られるかもしれないが、奇跡は確実に減っていく。

アン族、パラウン族の村

チェントンの市場に行ってみた。山に住む民族は薪やお茶などを売りにきて、市場で生活必需品を買っていく。彼らは現金収入がそれほど多くはないので、買い物も少ない。チェントンで出回り始めた「タイ製品よりも安い中国製品」といえども、彼らにとっては高根の花のようである。しかし、徐々にではあっても、タイや中国製品が、彼らの背で山奥の村まで運ばれていき、彼らの生活に浸透し始めている。
ところで、この市場で売り買いする民族を数えあげれば、一〇種族以上になるだろう。恐らくメコン流域では、最も民族数が多い市場のひとつだろう。雲南省の南部から、ミャンマー、北タイ、ラオスにかけての山岳地帯は、数多くの民族が錯綜して住む地域なのだ。私はチェントン郊外の、いくつかの村を訪ねてみた。
アン族の村はチェントンから約二〇キロのところにある。高床式の茅葺きの民家が、小川に沿って三〇戸ほど並んでいた。村の周辺にはわずかの水田と、後ろにひかえる山の斜面には焼き畑の跡が見えた。小川のそばには、鶏小屋のような精霊を祭る祠が数個。彼らはアニミズムを信仰しているようだ。

家のベランダで民族衣装を着た男が、ビンロウやタバコのヤニでタールを塗ったように真っ黒になった歯を見せて、私を迎えた。彼の耳にはイヤリングが光っている。衣装や顔つきからモン・クメール語系の民族だろう。おばさんが、織物を持って「買わないか?」と現れ、男は「一発二五チャット(約二五円)で鉄砲を打たせるぞ」と言う。まるで、北タイの少数民族の村と同じだが、それはタイの旅行会社がいち早くここに目をつけ、観光客を連れてきている結果である。北タイでは、チェンマイ、チェンライを中心にして、トレッキングツアーという少数民族の村を訪ねて歩くツアーがいくつもの旅行会社によって主催されていて、将来は、ここまでその範囲が伸びるということなのだろう。

彼らはシャン族との交易などを通じて文化的に影響を受けつつあるようだ。彼らが使っている数字は、一から五までが彼ら独自の数字で、六以上九まではシャン語の借用語だった。しかし、アン族は、チェントン周辺の民族のなかでは、アカ族と同じくらい独自のライフスタイルを保って生活してきた民族のようだ。シャン語が少し通じる程度で、まだビルマ語がほとんど通じないということをみてもわかる。

アン族の村から別のルートでチェントンに戻る途中、パラウン族の村があったので立ち寄ってみた。奥行き一七、八メートルの高床式の長屋があったので、家の住人に挨拶し、家のなかを見せてもらう。

長屋の両端に階段があり、双方から出入りできるようになっている。階段を上り、ベランダで靴を脱いで、なかに入っていく。床は竹を十字に編んだムシロで、隙間だらけだった。フカフカして安定しない。なかは仕切りの壁がないので、反対側のベランダが見えた。

囲炉裏が等間隔で四つ並んでいた。親戚同士である四家族が、共同で住んでいるという。家財道具といっても、水瓶、鍋、竹籠などしか見当たらない。まるで、いつでも移動できるように備えているのでは?と思えるほど、彼らの持ち物は少ない。

チェントンの山間部に住むパラウン族。戦地から移り住んだが、私たちにはほかに行くところはないと言った

一八歳くらいの娘から話を聞いた。彼女らはマインピンというところから一〇年前に移ってきた。政府軍とワ軍の争いを避けるためだ。ワ族の軍隊が村の男の子を、無理やりポーターとして連れていったこともあったという。

チェントンの居心地はどうですか？と聞くと、彼女は「平和ですから……」と言った。ここが好きですか？と聞くと、「好きかって？」と、苦笑しながら私の顔を見て、「そんなに悪くもないけど、良くもない。なぜって、私たちにはほかに行くところはないですから……」と答えた。どうも私はピント外れの質問をしているようだ。彼女たちは、別にピクニックに来たわけではなく、生き延びるために、たぶん命からがら逃げてきたのだろう。

「私たちがここに移ってきたときには、先に住んでいる人たちがいて、もう水田になる土地は残っていなかったので、新しく山の林を焼いて畑を始めたんです」

彼女は言った。観光開発がさらに進んで、彼らの焼き畑の土地もなくなったら、彼らは再び、村ごとにどこかへ移動していくのだろうか？

まるで他人（ひと）ごとを喋るような彼女の表情からは、けっして悲惨さや不幸ではなく、むしろ「私たちはどんなことがあっても生きていくのよ」という逞（たくま）しさ、あるいは「もう私たちは慣れました」という諦めのようなものを感じた。

クン族の日本人祖先伝説

一九六二年、ネウィンがクーデターで政権を掌握したあと、チェントンの最後のソーブワであったサオサイロンも一時牢獄につながれて、完全に土侯制度は廃止されたと前に述べたが、彼らの間には、日本人祖先伝説が残っている。それについては、国分正三氏の『大緬甸（ビルマ）誌』（一九四四年、三省堂）と、一九七〇～七四年に駐ビルマ大使をつとめた鈴木孝氏の『ビルマという国』（一九七七年、ＰＨＰ研究所）でも触れられている。クン族（ゴン・シャン族）は、一六世紀後半、タイのアユタヤ時代に、チェントンにやって来た日本人サムライたちの末裔（まつえい）だという伝説である。

アユタヤ時代という遠い昔の話だし、もう証拠もないだろう。ただ、こういう伝説が地元に残っているなら、それを信じている人たちに会ってみたいものだと思っていた。

チェントン郊外のクン族の村を訪ねたとき、私たちの周りに集まってきた女性たちに、日本人祖先伝説について聞いてみたが、だれも知らないという。若い人は知らなくても年配の女性ならと期待したが、レンガづくりの民家から何ごとだ？と出てきた五〇歳くらいのおばさんも、そんな話は聞いたこともないと、首を横に振る。そんなものだろうと予想はしていたが、正直ガッカリもした。信じてはいなくても話くらいは聞いたことがあるのではと思ったのだが、それもなかったのだ。

別に彼女たちが特別日本人と似ているようにも思えなかったし、家のつくりも高床式で、周りのシャン族と違いがないように見えた。家のなかには仏壇があったが、それも日本のと似ているわけではなかった。風俗習慣をすべて日本人式に変えたといいながら、日本語は全然通じないというのも、考えてみればおかしなことだった。もし仮に日本人云々の話が本当だとしても、四〇〇年も前の話だし、日本人の血や文化の痕跡がそう簡単には見つけられないだろうと、私は諦めた。

次の日の朝、私はチェントンで一番古いという寺、ワットインを訪ねた。境内からは子どもたちの読経の声が響いていた。

カンピラさんというお坊さんに会い、このがクン族の寺だと聞いたので、「こういう話を知っていますか？　アユタヤ時代に日本人がこの町に……」と言いかけると、彼は私の言葉をさえぎるようにして「いやあ、あなたにそれを今尋ねようとしていたんですよ」と言う。「それじゃあ、日本人が来た話は知っているんですね？」と聞くと、彼は「知っています」と答えた。しかも彼は「その話が書いてある本を持っていますから」とも言った。私はがぜん色めきたった。やっぱり今でもこの伝説は残っていたのだ。ゆっくり話を聞きたいから、午後にまた来ることを約束して別れた。

しかし、その前にもっと重要な人物に会うことになったのだ。私が雇った通訳の友だちのおじさんだという、六九歳になるその人物は、名前をウーイーティッノエ氏といった。彼はクン語で書かれたという年代記を持っていて、それを見せてくれた。もちろんオリジナルではなく、手書きで写した本が代々伝わっていて、これもその数あるなかの一冊だという。彼はその年代記を膝に載せて、英語で話をしてくれたが、話の概要はこうだった。

「一三世紀、日本人の罪人たちが筏で、海に流された。やがて彼らはサイアム（今のタイ）に流れ着いたが、王様から追放されチェントンにやって来た。当時のチェントンのソーブワが占星術師に占ってもらった結果、彼らをここに住まわせれば、国は繁栄し人々は平和に暮らせると出たので、『クン』と自称していた六九人の日本人たちは、ここに住むようになり、地元民を教化し混血していった。クン族はこのとき始まった」

てっきりアユタヤ時代だとばかり思っていたが、年代記には一三世紀と書いてあるらしい。

話を聞き終わって、私は「この話を信じていますか？」と聞くと、彼は「信じるも何も、これは事実ですからね」と言う。私が苦笑すると、彼は証拠があると言った。

まず第一番目に、そのサムライのリーダーの名前が「ヤマタナカマサ」だと言う。「えっ？　何ですか？」「ヤマタナカマサ」ともう一度彼は言う。どうもそれは「山田長政」であるらしい。しかし「山田長政」なら、アユタヤ時代のことで、逆に一三世紀の話とは矛盾してしまう。

そして第二番目の理由は、何人かの日本人がこのチェントンを訪れて、この伝説を確かめていっているのだぞうだ。
「一九三〇年に来た日本人は、当時のソーブワが開いたパーティーの席上で、たしかにクン族の風俗習慣が日本人とそっくりで、日本人がここにやって来たのを確かめることができたと言っていました。それで私たちの伝説の『クン』が『日本人』を意味するんだとわかったんですよ。そして、戦争中の日本軍は『我われ日本人とあなた方は親戚です』と、ソーブワの家族に言ったそうです。そして『ヤマタナカマサ』の名前を教えてくれました。あなたも、こうして伝説を確かめにやって来たではないですか」
ウーイーティッノエさんからそう言われて、ギクッとなった。いつの間にか私まで伝説の正しさを裏づける証拠にされてしまったようだ。なんだか彼らの年代記のなかに、自分も紛れ込んでしまったような錯覚にとらわれた。「アオヤキという日本人が我われの伝説を確かめて満足して帰っていった」などと実際に書かれるのではないかと、私は今本気で心配している。
ところでその後、約束通りもう一度ワットインのカンピラさんを訪ねたが、彼が持っているという本は、一九八八年に機械でコピーした教科書のような小冊子で、タイトルは『チェントンの歴史』といい、上下巻二冊に分かれている。一〇〇冊ほどが出回っているとのこと。日本人サムライが出てくる箇所はそのなかの二ページ弱の文章だった。やはり七四〇年前、一三世紀の話で、サムライの人数は六二人となっているが、内容はほぼ同じだという。
私はカンピラさんにも「この話を信じていますか？」と尋ねてみた。三〇歳代半ばの彼も「信じています」と答え、「クン族の老人たちを見れば、日本人の血が入っているのは一目瞭然ですよ」と言う。どうしてですか？と私が真面目に聞くと、彼はおかしそうに笑いながら、クン族の老人たちは若い世代と違って背が低いからだと言う。

戦争中チェントンに来た日本軍兵士たちを見て、彼らは「ジャパンガプー」と呼んでいたらしいが、ビルマ語のその意味は「背の低い日本人」だそうだ。つまりカンピラさんは、日本人もクン族の老人たちも、ともに背が低いので、血がつながっているということを言いたかったようだ。私は彼にかつがれたようだ。

一九四一年、四二年の頃、日本では一大長政ブームがあり、国民学校の修身の教科書にまで長政が登場したという。それは日本の南方進出政策のシンボルとして祭り上げられたということらしい。戦前から戦中にかけて、クン族が日本人祖先伝説を信じていることは、日本にとって国策上有利だった。いや、むしろソーブワに有利だったのかもしれない。というのは、一九三〇年頃、ソーブワの本心はイギリスやビルマの支配を脱して、タイに帰属することを願っていたらしいから。彼らのアイデンティティーはタイにあったようだ。

ビルマ独立の気運が徐々に高まり、人々は日本がビルマの独立を助けてくれるのだと信じていた時代だ。その時代に、もともとあった彼らの伝説のなかに「日本人」や「ヤマタナカマサ」が紛れ込んでいった、というのが伝説の真相なのではないだろうか。ちなみに、日本軍にビルマが占領されたとき、チェントンはタイに併合されたこともある。

今まで、この伝説を彼らが素朴に信じていたというのは、この地が閉ざされた場所だったということを意味する。周囲の情報が入れば、クン族だけが特別日本人と似ているわけではないことがすぐわかるだろう。もっとも、クン族が絶対に日本人の末裔ではない、と断言することは、まだできないのだが……。

観光道路が完成したら、チェントンへは、中国の国境からもタイの国境からも、車で四、五時間で着いてしまう。いわゆる「秘境」ではなくなってしまう。情報と物と人間は津波のように押し寄せてきて、彼らの年代記に新しいページが急激に増えていくだろう。

チェントンのワットインの僧侶、カンピラさんもクン族の日本人起源説を知っていた

北部タイ――ケシ畑を見にいく

観光地化するゴールデントライアングル

ゴールデントライアングル（黄金の三角地帯）……。狭義には、タイ・ミャンマー・ラオス三国の国境が接する地点で、広義にはミャンマーのシャン州、ラオス北部、タイ北部を含む地帯をさす。「ゴールデントライアングル」と聞けば、「麻薬の生産地でゲリラが出没する危険地帯……」。一般の日本人のイメージはこういうものだろう。私も漠然とそう思っていた。

しかし、そういうイメージをもって狭義の三角地帯にやって来ると、ビックリしてしまう。観光開発が進んでいるという話は聞いていたので、予想はしていたのだが、まさかこんなに開けた観光地だとは思わなかったのだ。

三角地帯の、メコン河を挟んだミャンマー領にはカジノホテルが建設中で、タイ領にはすでにリゾートホテルも完成している。何台もの大型バスからは、香水の匂いをまきちらしつつ外国人やタイ人の観光客が吐き出され、『GOLDEN　TRIANGLE』の碑といっしょに記念写真を撮る姿は、日常風景となっている。

ゴールデントライアングルといわれた地域は、中国雲南省も含めて四角地帯となり、共同で観光開発が進められている。観光客が記念写真の背景として使う『GOLDEN　TRIANGLE』の碑には、タイ・ミャンマー・ラオスのほかに、将来を見越してだろう、手回し良く、ちゃんと雲南の地図まで描いてある。一年前（一九

ゴールデントライアングルを見渡す高台に観光客の記念写真用に立てられたアカ族を真似たパネル

九三年）に来たときは、まだ雲南はなかったのに。そう、このメコンを遡れば中国は近いのだ。

三角地帯をもっと良く見渡すために、展望台に上った。欧米人の観光客がガイドから説明を聞きながらビデオを撮っている。その横には、アカ族やリス族の折衷型のような、妙にケバケバしい衣装を着た少数民族の少女たちが、出番を待っている。彼女たちはひとり一〇バーツで写真のモデルになってくれるのだ。

展望台の横には古い寺があったが、そこに英語の看板を見つけたので読んでみた。ゴールデントライアングルの概略を説明したあと、

『……しかし、ここでケシ畑、ヘロイン工場、麻薬常用者や売買人を見られるとは思わないでください。ただ、自然の美しさを楽しみ、有名な土地に来たことに満足してください』

などと書いてある。こんな観光地に来て、いったいだれがそんなことを期待するというのだろう。もう、かつての危険なイメージは変わりつつあるのだ。観光客が毎日やって来て、こんなに開けたところではないか。いや、そうではないかもしれない。「危険な三角地帯」というイメージこそが、大事な観光の目玉なのだ。そうでないと、たしかに風景は美しいが、こんなに観光客で賑わうこともなかったろう。もっとも本当の危険は起こらないという前提だが。しかし、実際に危険なことはまったくなくなってしまったのだろうか？　ケシ畑はほんとにもう見られないのだろうか？という疑問もわいた。

ケシ畑を見にいく

チェンライから西北の山の上に、かつて中国の国民党軍の基地だったドイメサロンという村がある。ここも三角地帯と同様、開けた観光地になっていた。一九九三年一月下旬に訪ねたときには、サクラの花が満開で、日曜日には、下のほうの町や遠くバンコクあたりからも観光客がバスを連ねてやって来る。ここにもゲストハウスが

あり、泊まることができる。私は中国人が経営するあるゲストハウスに泊まった。中国人といってもみんな雲南省出身者とその末裔たちなので、雲南弁を喋っている。彼らにケシ畑のことを聞いてみた。

「五、六年前まではならこの近くにもケシ畑があって、とっても綺麗だったよ。今はもうないね」

ゲストハウスの主人は言う。このあたりに何度か来たことがあるというイタリア人旅行者の話でも、やっぱり数年前なら山の斜面はケシ畑でいっぱいで、彼は象に乗って畑のなかをトレッキングして回ったと言っていたので、たぶん本当の話なのだろう。

私は、ドイメサロンからもっと西寄りの、ある山岳民族の村に泊まった。ミャンマーとの国境から四キロの村で、国境を守るタイの兵士たちもこの村を通過するところだった。私が泊まっていたゲストハウスにも彼らが泊まっていて、何人かと知り合いになった。ゲストハウスといっても、地元の民家そのもので、木と竹でつくった平屋の建物だったし、私が泊まった部屋は、三〇歳を過ぎた主人の弟の部屋をあけてくれたものだった。

兵士のほかにも、何をやっているのかよくわからない男が泊まっていた。二〇歳代前半に見えるその男はバンコクから来たタイ人だといい、一日中ボーッとしていた。そのうち、彼がヘロインの粉を混ぜた大麻をふかしているのを見た。ヘロインの粉は白いが、粒は不揃いで、まるで洗濯用の粉石鹸のようだった。私は愛想笑いをして、「ハロー」などと挨拶するのだが、焦点がどこにあるかわからない目をして前方を見つめながら、無表情でまた煙を吐き出すのだった。はっきりいって、怖くなった。やはり麻薬は魔薬である。

ゲストハウスの主人もさかんに私にヘロインを勧める。「きょうは酒を飲んだので要りません」と断ると、彼は「じゃあ、明日な」と言う。私はケシ畑を見たいという一心でここに滞在していたので、それを見るまでは何とか我慢しようと思っていたが、正直いって早く逃げ出したかった。

日本を出る前、今回はゴールデントライアングルへ行くんだと知り合いに話したところ、

「寝ている間にヘロインの注射をされることがあるんだって」

などと脅されていたので、ますます怖くなってしまったのだ。

この村の山岳民族も中国正月（この年は一月三〇日）を祝う。私はそれをここで迎えることになった。そしてその大晦日の夜、ゲストハウスの主人に教えられ、村人の踊りを見にいったが、すぐに男ふたりから絡まれてしまった。

「ジャパン！　ここに座れ！」

焦点の合わない目をして男が叫んだ。私は、この男も麻薬をやっているな、これはまずいなと内心思いながらも、イスに腰掛けた。ふたりは私の隣に並んで座って、「これは俺たちの特別のタバコだ」と言ってニヤリと笑った。明らかに、それは普通のタバコではなくて、大麻の匂いがした。彼は、吸い口がよだれで濡れたタバコを私に差し出したが、私は愛想笑いをして断った。

ひとりは日本に行って働いていたという男で、六児の父親だった。彼は三年ほど大阪で働いたが、不法滞在だったので、あるとき警察に見つかって送り返されたという。もうひとりは、目がトローンとして、相変わらず「特別のタバコ」をふかし、私にさかんに「吸え」と言って勧める。私は、ちょっと喉が痛いとか、頭が痛いとか言い訳して断り続けた。そのうち、彼は、

「俺のタバコを吸えないのか？」

と絡んできた。たしかにこの大麻だけではなく、酒の酔いも回っていたようだ。舌がもつれ何を言っているのかはっきりせず、目は焦点が合っていない。吸い口がもっと乾いていたら吸ったかもしれないが、それはあまりにもベチョベチョして気持ち悪かった。それを吸え吸えと言われても困ってしまう。私は、あまりのしつこさに辟易し、とうとう彼の元から逃げてしまった。

翌日の元旦、ゲストハウスの家族は朝六時頃起き出して、いろいろ仕事をしていたようだ。私は八時頃ようやくベッドを離れた。土間に行くと兵士たちが朝食をとっていた。例のバンコクから来た青年も起きていたが、相変わらず無表情で毛布にくるまってじっと前を見つめていて、その姿はまるで廃人であった。

祖先の霊や天地の霊を祭った神棚にも、餅、豚肉、線香、花のお供えをして正月の雰囲気を盛り上げていた。油で揚げた餅、バナナの葉で包んで蒸した甘い餅、豚肉の細切れを油で炒めたもの、そしてトウモロコシからつくったアルコール度の高い蒸留酒。中国の「白酒（パイチユウ）」と同じものだ。それが私に出してくれた朝食だった。せっかくの料理も、それほどおいしいとは感じなかった。味覚は周囲の環境に大きく影響される。麻薬の常習者がじっとこちらを見ているところでの食事を「まずい」と不平を言っても、非難はされないだろう。

前の晩、男に絡まれながら見た踊りが、その日一日中行なわれた。踊りの会場の中心には一本の木が立っていた。その木を「コシラズ」と呼ぶ。新年の木だ。その木の周りを時計と反対方向に回っている。男が楽器を弾き、女は全身カラフルな衣装に身を包み、ゆったりと舞う。使っている楽器は、三味線のような三弦楽器、大中小三種類の大きさの笙（しょう）。昼は豚肉を中心にした料理がふるまわれ、夜中まで踊りは続いた。男たちはみんな酒を飲み酔っ払い、なかには麻薬も吸う者もあって、ベロベロになりながら踊り続けた。ときどき興が乗った男は空に向かって銃をぶっぱなす。

私はこの村で、ケシ畑はほんとにないのか、いろんな人に聞いていたが、「ないことはない」というのが答えだった。つまり「ある」のだが、しかしそんなに簡単には見つからないという。当然のことながら、ケシ畑については、突然やって来た外国人に、積極的に教えようとする奇特な村人はいなかった。ゲストハウスの主人はヘロインや大麻は売っても、その畑がどこにあるのかは知らないようだった。あるいは知っていても、ヘロインを買わない奴には教えないという腹なのかもしれないが。

ある日、隣村の男の紹介で、アカ族の青年と知り合いになった。彼はこの村に仕事をしにきていて、出身地は一〇キロほど離れた山村だった。「彼があなたをケシ畑まで連れていく」と、男は言った。その代わり、ケシ畑の場所は人に喋らず、彼には案内料として一〇〇バーツ払うという条件だった。私はその条件を呑んだ。

そして翌日、彼の村の近くにあるケシ畑を目指した。乗り合いトラックでしばらく行き、トラックを降りてからは、人がやっとひとり通れるほどの狭い山道を、一時間ほど歩いた。

彼は山道の途中で突然立ち止まったと思うと、私のほうを向いて厳しい顔で「タオライ?」と言った。私は緊張した。「タオライ?（いくら?）」と言ったので、てっきり案内料の一〇〇バーツに不満で、もっと値上げをしなければ連れていかないとでも言っているのだと思ったのだ。しかし彼は「シィプホック」と言って自分のことを指差した。シップホック……一六?　……しばらく考えた末、ああそうかと思い当たった。彼は自分の年を一六歳だと教え、私に何歳か?と聞いていたのだ。私はホッとして「サムシップシー（三四）」と言った。すると彼は「サムシップシー」と復唱し、それで満足したようで、また山道をスタスタと歩き始めた。

アカ族である彼は、タイ語をそれほど話せないようだった。私もタイ語はほとんどできないので、会話を楽しむことはなかった。無愛想なのだが、いや無愛想だからこそ、彼が信用できそうな気がしてきた。観光地に行くと、やけに馴々（なれなれ）しく近づいてくる地元の人間がいるもので、そういう奴はだいたい英語がうまい（英語どころか日本語さえ喋る奴がいる）。英語ができるのが悪い奴ではもちろんないが、何か企んでいるのもたしかにいるのだ。だから、かえってこのアカ族の青年のように英語も喋れず無愛想なら、まずいい奴に違いないと思ってしまう。もっともそこまで私の心理を読んで、英語ができないフリをしていたら大変なのだが……。

それにしても山に住む民族だけあって、彼は山道に慣れている。Tシャツにジーンズ、サンダルと軽装なのだが、こちらが汗を流して苦しそうに歩いているのに、彼は涼しい顔をして坂を上っていく。私は雲南の山をさんざん歩いているので、山道には普通の外国人よりも慣れていると自負していたが、さすが地元の人間にはかなわない。坂を上る彼の姿は頼もしく、一六歳とはいっても、もうれっきとした大人の貫禄である。

しばらく上って、道から藪のなかへ入っていった。二〇〇メートルほど進むと竹藪があり、その竹藪を越えていくとちょっとした広場に出た。そこがケシ畑だった。やっぱりあるではないか。畑のある斜面はかなり急勾配で、北側を向いていた。一〇メートル四方ほどの畑で、高さ六〇〜七〇センチのケシに白い花が咲いている。八分咲きといったところだろうか。

私は急いでカメラを出して写真を撮ろうとした。すると彼は慌ててダメ、ダメと手を振った。そんな、ここまで来て写真を撮れないなんて、と私は彼に手まねで訴えたが、彼はその場を離れようとする。私はちょっと待ってくれと言ってカメラを構えると、仕方ないなという顔をして、早く撮れという仕種をした。それで私は急いで一〇枚ほど写真を撮った。写真を撮り終わったときには、彼はもうその場を離れていた。竹藪をどんどん進んでいく。私は彼の姿を見失わないようについていくのがやっとだった。もしここで彼の姿を見失ったら帰れなくなるというシビアな問題もあったが、彼はサンダル履きなのによくもこんな竹藪をあんなスピードで歩けるもんだと、そっちのほうにより関心がいったのは、今から考えると不思議な気がする。

しばらく歩いて、彼は木の影に身体を隠すようにしゃがんで私を待っていた。息が弾んでいる。彼の顔は真剣そのものだ。やっと追いついた私に、彼は、もし畑の持ち主に見られたら銃で撃たれるのだという意味のことを、しきりに手振り身振りをまじえて訴えた。そのとき、私は初めて事の重大さを知った。そして正直怖くなった。サンダルを履いて気軽な格好に見えたので、私も気楽に来てしまったが、それほど危険なことなら、最初に言ってほしかった。それなりの心の準備も必要なのに。

ところで、それから一カ月後チェンマイに戻ったとき、あるトレッキングツアーに参加した。北タイのチェンマイやチェンライを中心に、山岳民族の村をガイドに連れられて訪ね歩くという、チェンマイの旅行社が主催するツアーだった。行ってみようかなと思ったのは「ケシ畑」が見られるという内容だったからだ。あれだけの苦労と危険を冒して見にいったケシ畑を、外国人が参加するトレッキングツアーなどで果たして見られるものだろうか？と私は疑ってかかったが、外国人がいったいどういうふうに山岳民族と接しているのか興味もあったので、体験主義者の私としては、ダメでもともとと思い参加することにした。

ツアーは、ガイドひとりを含め全部で一一人になった。オーストラリア人のカップル、フランス人の男三人組、イギリス人の女三人組、アメリカ人の女性ひとり、そして私。みんな二〇歳代で、休暇をとってタイに個人旅行に来ていた人たちだった。

たしかにケシ畑を見せた。畑だけではなく、ちょうどアヘンの採取の時期で、畑の持ち主がアヘンを採っているところまで見せてくれた。ケシ坊主につけた切り込みから、白い樹液が流れ出すのだが、それが時間とともに酸化して黒くなり、そのねばねばした黒い樹液をへらで集めたのが、生アヘンなのだ。ヘロインはこれを精製してつくるという。

夜は山岳民族の村に泊まり、フランス人たちはアヘンを吸った。翌日フランス人たちは「パピヨン（蝶）になったよ」とご機嫌だった。

一般的な観光ルートを踏み外さなかったら、もうゴールデントライアングルはたしかに危険ではなくなっている。しかしちょっと脇道に入れば、こんなふうにすぐにでも比較的簡単にアヘンやヘロインが手に入る。北タイばかりではなく、ミャンマーのシャン州や北ラオスの国境付近にもケシ畑があって、そこに住む山岳民族の間では、中毒者は減るどころか、かえって増えていて、社会問題になっている。一九九五年には麻薬王クンサーの軍隊とミャンマー政府軍の戦闘が再発するなど、依然として麻薬の問題は解決していない。

チェンマイのある旅行社が主催するトレッキングで案内されたケシ畑

カレン族のガイド、イポル

チェンマイから参加したトレッキングツアーのガイドは、イポルという名前の二二歳になるカレン（ホワイト・カレン）族だった。出身はチェンマイから西の町、メーホンソン郊外の村で、キリスト教徒である。彼がチェンマイに来たてのときは、まったく英語も喋れず、ポーターとして働き出した。いっしょに働いていたガイドに英語を教えてもらい、彼もガイドになった。

以前彼もアヘンを吸っていたことがあると言った。でも結婚して子どもができて、一生懸命仕事をしなければならなくなって、アヘンとはスッパリと手を切った。アヘンをやめるには、かなりの意志の強さが必要だろうが、それは彼の話しぶりからも感じられるものだった。麻薬をやめられない人間のほうが多いのだ。

彼はトレッキングに参加する旅行者に、アヘンやヘロインは勧めないと言った。ガイド仲間のなかには、外国人旅行者にアヘンやヘロインを売りつけてかなり儲けている奴らがいるのだそうだ。でも彼は二泊三日のトレッキングの途中、自分でも麻薬はやらなかったし、私たちにも勧めなかった。ただ、彼が雇った地元のポーターが、フランス人たちにアヘンを売ったのだ。

イポルはチェンマイに出稼ぎにきている。しかし三、四年したら村に帰るだろうと言う。帰ったらせっかく覚えた英語も役に立たなくなるのでは？と聞くと、彼はこう言った。

「僕は、チェンマイは嫌いだ。英語を話してガイドをやったという経験だけで充分なんだ。チェンマイで働いているのは、まったく経済的な理由からだけさ」

仕事のためにだけ都会に出てきたイポル。同じようなセリフをどこかで聞いたなと考えたら、東京の中華レストランで知り合った中国人女性も、同じようなことを言っていたのを思い出す。彼女も、日本は嫌いだけど、お金になるからいるのだと言っていた。

イポルの田舎の家には奥さんとふたりの子どもが待っている。村はたしかに貧しい。農業だけでは生活はぎりぎりだ。でも村ではお互いに助け合う。もし米がなくなっても、村共同の米を借りて、次の年同量を返せばいい。子どもと妻をチェンマイに連れてきても、とてもじゃないが生活できない。働いた金を持って田舎で暮らしたほうがいい。彼はそう言う。

村の生活のほうが好きだと言い、彼のアイデンティティーは一〇〇パーセントカレン族だと断言した。でもカレン族ばかりではないが、タイに移住してきた民族のタイ人化が進んでいる。村にはタイ人先生のいる学校ができ、タイ語を習い、人々は知らず知らずのうちにタイ人化していく。

「でも」と彼はつけ加える。カレン族の伝統でいいものは残していくが、タイ人のいいところも取り入れていく。かたくなに民族の伝統文化だけにこだわってばかりいては、生き残れないと。

文化も生きもので、異文化に影響を受けながら、微妙ではあるが絶えず姿を変えている。今の時点で伝統の大切さを理屈で説明したところで、彼らは耳を貸さないのではないか？　日本人だってそうだったのだ。失ってみて初めてその失ったものの大切さを知る。しかしそれもすべて体験が伴っているからだ。彼らもそれは体験しなければわからないと思う。伝統も残るものは残るだろうし、仮に残らなかったら、まあそれはそれだけのものだったと諦めるしかない。かならずしも全部が残る必要はないだろう。

彼もトレッキングのガイドだから、その立場上、外国人ツーリストの悪口はあまり言わなかった。観光地化が進んで、村に外国人が来るのも、非難はしなかった。ただ、初めは村人は外国人を恐れるという。悪い病気を持ち込むのではないか？と恐れるし、伝統文化を踏みにじる人たちもいる。たとえば、カレン族も精霊信仰をもっているが、その精霊を祭っている祠の柱の木を抜いて、杖代わりに使った外国人がいて、以後そこは外国人立ち入り禁止になったという。

「カレン族の精霊を祭る祠の柱を引き抜くというのは、たとえばキリスト教の教会で、勝手にキリスト像を持っていくことと同じなんです。そう思いませんか？」

彼はいつになく、このときばかりは興奮して私に訴えた。

観光客の無知によって、山岳民族の気持ちを傷つける場合も多いのだろう。俺は金持ちなのだから、俺は外国人なのだからといって許されているように見えるのは、ただ彼らが優しいからにすぎない。この私も知らないところで、彼らのタブーを犯しているのかもしれない。

アヘンを売った男

ところで、フランス人にアヘンを売った男、チャーリーはポーターでもあり、コックでもあった。彼のつくった朝食のメニューを見て、私は複雑な気持ちがした。彼は囲炉裏に網を置き、トーストを焼き、バターを塗り、鳥肉を挟んでチキンサンドをつくってくれたのだ。飲み物はインスタントコーヒー。こんな山のなかでサンドイッチとコーヒーの朝食というのは驚きである。私が今まで山岳民族のところに泊まったときは、もちろん彼らが普通に食べている物しか食べられなかった。そしてパンなど食べたいとも思わなかった。私以外の西欧人たちは、どうしてこんな山奥でコーヒーにサンドイッチが出てくるのかとの疑問をだれひとりとして抱かなかったようだ。

トレッキングツアーに参加してみて、山岳民族の村でも当然のようにコーヒーとパンの朝食が出されていることを知って、私はケシ畑を見たことと同じくらいショックを受けた。それだけ外国人、とくに欧米人の経済力と文化浸透力は強いという証明なのかもしれない。もっとも、タイの山村で驚くなら、日本の山奥でパンとコーヒーの朝食が出てきたとき驚いてもよさそうなのに、そうでないのは、「パンとコーヒーの朝食」という習慣が日本人の生活の一部になってしまったからなのだろう。戦後日本人は、アメリカから小麦を買い、パン食に慣れ、

北タイに住む山岳民族の女性もパイプでタバコを吸う

米を食べる量も少なくなってしまうほど、食生活が変化してしまった。もっと時間が経てば北タイの山岳民族の村でも「パンとコーヒーの朝食」が日常風景になり、別段驚くようなものではなくなる日が来るのかもしれない。
夜になると、チャーリーはフランス人たちにアヘンを分けてやり、自分自身もアヘンを吸った。毎日吸っていると彼は言った。親指大の生アヘンを取り出し、それを缶のなかでアスピリンの粉といっしょに練り合わせ、ヤニで真っ黒のパイプに詰めた。アスピリンを混ぜると効き目が良くなるというのだ。そして枕になる小さな箱を用意して、頭を載せ、囲炉裏のそばに横になる。ランプの火にパイプをかざし、アヘンを焼きながらゆっくりと吸った。アヘンが焼けるジリジリという微かな音がする。チャーリーは、パイプの煙を胸に溜め、そしてゆっくりと吐き出した。
彼のそばには一二歳になる彼の息子が座っていた。チャーリーは自分の助手として息子も連れてきていたのだ。以前、その息子をチェンマイのゲストハウスに働きに出したことがある。しかしすぐに村に戻ってきてしまった。チャーリーが理由を尋ねると、息子はトイレの掃除が我慢できなかったと言って泣いたのだという。どうしてダメなんだと彼は叱ったが、息子は嫌がって二度とチェンマイには行きたがらず、とうとう彼も今では諦めて、自分のポーターの仕事を手伝わせている。アヘンを吸いながらも、彼は息子のことを語るときの目は優しかった。
「仕方ない奴だなあ」という目で息子を見ている。
おとなしそうな息子だった。彼が慣れない都会で、トイレ掃除をしながら泣いている様子を想像すると、何とも切なく悲しくなってしまう。そしてアヘンを吸っている父親のそばで、揃えた両足を腕で抱えながらじっと囲炉裏の火を見つめている少年の姿も、また悲しそうだった。これからどうするかはわからない。今はアヘン中毒者の父親を手伝って、ポーターの仕事を続けていくしかない。彼の澄んだ目には、父親の吐くアヘンの白い煙はどんなふうに映っているのか、私にはわからなかった。

北ラオス・ファイサイ── 食堂の姉妹

戦場から市場へ

私はタイのチェンコーンにある一泊一〇〇バーツの安宿に泊まっていた。一九九三年の大晦日だった。メコンを挟んで対岸はラオスで、ファイサイという町がある。

この安宿でふたりの男と知り合った。真新しい白シャツに黒ズボンを穿き、銀縁の眼鏡をかけている。どことなくアカ抜けしていて地元の人間ではなさそうだ。

彼は英語で、どこから来ましたか?と私に尋ねた。日本です、あなたたちは?と聞き返すと「私はモン族ですが、今はアメリカに住んでいます」と答えた。旅行ですか?と聞くと「休暇をとって知人に会いにきたんです」と言った。もともとは、メコンの対岸、ラオス出身のモン族なのだという。

一九七五年にラオスは王政を廃止し社会主義政権が成立したが、それ以降メコンを渡って数多くのラオス難民がタイに逃げてきた。社会主義に馴染めなかった人たちや、七五年以前にはアメリカCIAの傭兵だったことから、現政権に嫌われて逃亡した人たち。そのなかにモン族もいて、彼らの一部はアメリカに渡ったのだ。

ピリヤ・パナースワン著『メコンに死す』は、主人公がメコンを渡ってタイに逃げようとしたとき、自分の妻と子どもを守るために犠牲となり、河を渡る前に射殺されるところで終わっている。

メコンでそんな悲劇があったことなど、こののんびりした国境の雰囲気からは想像もできない。今ではラオス人もタイ人も自由にメコンを行き来して、買い物したり観光したりしている。

一九八〇年代には半世紀にわたり世界を支配していた東西冷戦が終わり、国際政治構造の変化を受けて、インドシナにおいても一応平和の構造が確立された。それぞれの国が開放政策に転換し、タイのインドシナに対する政策も「戦場から市場へ」と変わった。

こういう政治状況の変化が、メコンの流域に住む一般の人々の生活にも変化を与えている。国境を挟んで人と物の行き来が盛んになってきた。もともとそこには同じ民族が住んでいたのだから、国の政策が変わって行き来が自由になれば、ひとつの文化圏や経済圏がつくられるのも当然のなりゆきだ。気軽に国境を越えて、友だちや親戚を訪ね、買い物にいくというのは、国境では当たり前のことになった。

一九九四年六月、私は再びチェンコーンから対岸ラオスのファイサイを眺めることになった。今回はきちんとラオスのビザも持っている。この年の四月、とうとう私たち外国人もここからラオスに入国できるようになったのだ。

イミグレでパスポートを出し、出国の手続きをしようとしたら、「早くボートに乗れ」と係官からせかされた。「手続きはいらないのか?」と聞くと「いらない」と言うので、言われるままボートに乗った。ボートのエンジンがかかる。しかしやっぱり出国手続きをしないでラオスに行くのはおかしいなと思い「ウェイト!」と叫んでエンジンを止めさせ、再びイミグレに戻った。するとそこにはさっきと違う係官がいた。「ラオスに行きたいのだが」と言うと、彼はちゃんとタイの出国スタンプを押してくれた。やっぱり出国スタンプはいるのである。危うくスタンプなしでラオスに行ってしまうところだった。どうもまだ出国手続きに慣れていないようだ。

対岸まではボートで二分三〇秒。船着き場にラオス側のイミグレがあり、そこで入国手続きをする。入国カードを書き、小屋の薄暗い窓口にパスポートといっしょに出す。係官はパスポートにスタンプを押し、サインをして返してくれた。

無事手続きも済んで、私は階段を上っていった。突き当たりがファイサイのメインストリートで、さらに丘の上方には一〇〇メートルほど階段が伸びていて寺がある。ここがファイサイの中心地だろうか？　ずいぶん小さい町だ。対岸のチェンコーンとは比べものにならないくらい田舎町だ。宿はその角を右に曲がったところにあった。

宿の向かいに国営の旅行社があって、とりあえずそこで町の情報を得る。外国人に開放して間もないラオスなので、ガイドブックにもファイサイの情報はほとんどなく、何があるのか皆目わからないのだ。旅行社には英語を喋るソムパバンさんという青年がいて、それから一日、彼の案内で町をまわることになった。

宿に荷物を置いて外に出ようとすると、宿の女主人が私たちを呼び止め、ソムパバンさんに何か言っている。どうももう一度船着き場のイミグレに行かなければならないらしい。何か問題でもあるのだろうか？

係官は「パスポートを見せろ」と言った。パスポートを出して見せる。すると、係官はまたスタンプを押した。何と、さっき押してくれたスタンプは「入国」ではなく「出国」スタンプだったという。「出国」スタンプをキャンセルして、新しく「入国」スタンプを押してくれたのだ。いやはや気がつかなかった私も間抜けだが、入国カードといっしょにパスポートを渡したにもかかわらず、「出国」スタンプを押してしまうのだから、気を抜けないようだ。タイもラオスもイミグレの係官はまだ手続きに不慣れで、それだけにここが新しい国境だなと感じられる。

パスポートの件は決着がついたが、今度は大雨になってしまった。メコンを眺めながら雨宿りをする。対岸は雨で煙って見えないくらいだ。しかし、こんな天気でもビニールシートを被った人たちがボートでタイから渡ってきた。雨は四〇分ほど降り続いてやんだ。
私たちは階段を上って、高台に建つ寺を訪ねた。本堂を新しくしていた。本堂の床のタイルを貼り、獅子の像にもペンキを塗っている最中だ。本堂の奥の部屋では男がひとり黙々と木製の扉に彫刻をほどこしていた。その男は寺から仕事を請け負ってやっている。一枚の扉を仕上げるのに一二日間かかるそうだ。木彫の技術は彼の父親から学んだが、父親はルアンプラバンで学んだという。
ラオスもようやく平和になり生活にも余裕が出てきて、寺を新しくしてラオス伝統文化の良さを再確認しているようだ。政府も寺をつくることを勧めている。しかし実際田舎の寺を建てたり建て直すには、地元の人たちの寄付で賄わなければならない。経済的な問題はつきまとう。
一方では外国から新しいものを取り入れ、もう一方では伝統文化を見直すことも行なわれているラオス。でも、今ラオスばかりではなく、メコン流域全体で、文化の再編成が行なわれているようだ。これは北タイのカレン族のところでも書いたが、いいものは取り入れ良くないものは捨てていくというやり方だ。良く悪くも開発というものがそのきっかけをつくっている。
寺の本堂の写真を撮っていると、三人の男が階段を上ってきた。彼らは中国人だった。そういえば、町では中国雲南(ユンナン)省の会社の看板をいくつか見かけた。中国人経営の食堂もあった。なんとなくここは雲南省が近いなという感じがする。
実際ここから中国の国境までは近いのだ。ただ雨季は、中国雲南省へ入るにはまず、パクベンまでボートで行き、そこから車で北上するしかないらしい。ここから直通で国境を目指す道は泥だらけで進めないのだ。それが午後実際に走ってみてわかった。
私たちが走ったのは中国国境ボテンへ続く道だ。

ファイサイの高台に建つ寺を訪ねると、男がひとり黙々と木製の扉に彫刻をほどこしていた

「でも今の雨季は、ここから直接ボテンへ行くのは至難の業で、パクベンまでボートで行って、そこから車に乗りかえなければなりません」とソムパバンさんも言う。

道路は工事が始まっていた。道の両サイドには土砂が積まれ、ブルドーザーが一台、その土砂をならして道路を広げていた。今ラオス、タイ、ミャンマー、中国雲南省が「黄金の四角地帯」を共同で観光開発しようとしている。その第一歩としてラオスとミャンマーを経由するタイと中国雲南省を結ぶ観光道路の建設が始まった。この道路がその一部になるのである。

「一生懸命働いて、ベトナムのように発展しよう」

工事現場に立った看板にはそう書いてあった。工事は三カ月前から始まったが、いつ終わるかはわからないとソムパバンさんは言う。道は泥でぬかるんでひどい道だった。これではボテンまで何日かかるかわからない。のちにファイサイでは、中国に輸出するはずだった日本車がたくさん埃を被って放置されているのを見たが、一年前まではこの道を通って雲南に輸出されていた。しかしやはりそれは乾季だけ。ちなみに国境までの陸送代は一台につき一五〇〇バーツだったらしい。

夕方ファイサイに戻った私は、メコン河を見るために、また船着き場に出かけた。サッカーをしたり、水浴びをしたりする男の子、洗濯をする女の子がたくさんいて、明るい喚声があがり賑やかだった。タイと比べるとラオスのほうがメコンと直接関わっている感じがする。生活用水でもあるメコンは、ラオス人にとってなくてはならないもの。交通路としても重要だ。タイとラオスの国境になっているメコンでは、長距離を走っている船のほとんどはラオスの船だった。ラオスのほうがタイと比べて陸上の交通も発達していないということなのだろう。

イミグレの兵士たちも制服を脱ぎ夕涼み。ようやくモーターボートも少なくなって静かな夕暮れが訪れる。メコンの色と、対岸の緑色との対比が美しい。ちょうど夏雲に太陽が隠れ、なかなか旅情をそそる。

翌日朝早く起きてファイサイの市場を見たあと、スピードボートでパクベンに向かうことにした。このボートは七人乗りだ。いや九人乗りのボートなのだが、ふたり分は荷物に占領されている。そしてボートのドライバーと助手が乗るから、客は五人だけである。

助手から蛍光色のライフジャケットとヘルメットを渡された。ずいぶん大袈裟な格好だなと思った。両方とも必要なものであることは出発してすぐにわかったのだが。

いよいよ出発だ、と思ったら、ボートは下流のパクベン方向ではなくて、対岸のタイ側へ行く。ボートの修理屋に寄って、エンジンのプラグを全部取り替える。河に浮かんだボート屋の壁には一面ヌードポスターが貼られていた。整形手術でも受けたのではないかと思えるような、妙に作り物じみたオッパイ。ボートのお客のラオス人は全員、真面目な顔でその奇妙なオッパイを見ている。

バリバリと周りの静かな空気を引きちぎるような爆音を立ててボートが走りだした。今度こそパクベンを目指す。ちょうど曇り空なので日光が当たらずに涼しくて快適だった。しかし怖かった。小さなボートが時速一〇〇キロくらいの猛スピードで突っ走る。自分の身体はボートからはみ出して外に露出しているから、岩にでもぶつかったらおだぶつだ。このスピードで走ると、水の上ではなく、まるで雪の上をソリで走っている感じがする。波の塊をお尻でズシンズシンと感じながら進んでいく。水飛沫（しぶき）がヘルメットにふりかかる。風も強いのでライフジャケットを着ていないと寒いくらいだった。

メコンはところどころ急流があって渦を巻いていた。上流で降った雨が木を運んでくるので、流木にも気をつけなければならない。それを避けながら操縦するのだから、かなりのテクニックはいるようだ。私はこのドライバーの青年に命を預けるしかない。身近で手軽な神様を普段から用意していない私は、メコンの龍神様に安全祈願をした。

岸は鬱蒼とした森林が続く。ところどころに焼き畑の跡もあった。だが人影は少ない。人口密度はだいぶ低いようだ。

右岸で人が待っていた。民族衣装の男たちが上着を大きく振っている。近くに村があるらしい。モン族の村だった。シルクハットのような帽子を被り、黒い上着に黒いダブダブのズボン。そこからふたりの男が乗り込んだが、定員オーバーだ。彼らがボートに乗った途端、吃水線がプクプクと上がってきた。沈んでしまうのではないかと不安になる。

しかしだんだんと、このスピード感が快感にもなってきた。お尻に感じる波の塊も心地好い。

二時間くらい走ったろうか、岸に何台か車が止まり、比較的大きな船も停泊している村に着いた。隣の男は私に「パクベン」と教えてくれた。到着したようだ。スピードボートを乗り継げば、今日中にルアンプラバンへ着けるらしいが、それほど急ぐ旅でもないし、ラオスの田舎も見てみたいので一泊することにした。

食堂の姉妹

「ホテル」と名のついたパクベンの宿は、タイだったら四〇〜五〇バーツのバンガローだ。これで一〇〇バーツとるというのだから、ラオスはタイと比べると宿代は高いようだ。ファンもついていないし、トイレは共同でメコンに垂れ流し、シャワーはドラム缶の水を被る。

おなかが空いたので、船着き場に近い食堂に入った。姉妹で切り盛りしている食堂だった。姉マンノエは一七歳、妹マンワンは一六歳だという。

料理は空芯菜の干からびたやつを炒めたものと、インゲンと豚肉を炒めたもの。どちらもただ炒めて塩とナムプラーで味つけしただけの塩辛い料理。主食はカオニャオ（おこわ）だ。

マンノエが「アロイ・マイ？（おいしい？）」とタイ語で聞くので、箸でおかずをつまんだ手を止めて「アロイ（おいしい）」と答えた。「ラオ語では『セープ』って言うのよ」と教えてくれる。「セープ……」私は繰り返した。なかなかいい響きである。

ここからルアンプラバンまでは船でどのくらいかかるの？という意味のことを、片言のラオ語とタイ語を組み立ててマンノエに聞いた。彼女は私は行ったことがないからわからないと言った。じゃあタイへは？と聞くとタイもない。中国は？　中国もない。この近くの村しか彼女は知らなかった。

日中彼女たちはタイ製らしいシャツとズボンを着ていたが、夕方メコンで水浴びしたあとは、ラオスの娘らしく、伝統的な筒スカート「シン」を腰に巻いていた。やはりシン姿のほうが美しい。ファイサイの宿の娘も昼はジーンズを穿いて、夜だけシンをまとっていた。どうして日中もシンをつけないのか？と聞いたら、「ジーンズのほうがモダンだから」という答えが返ってきた。「若い人たちはみんな、モダンなほうがいいのです」とソムパバンさんも言う。

雲南省でも若い娘たちに、せっかく綺麗な民族衣装なのに、どうして着ないのか？と聞いたことがあったが、「面倒臭い」「格好悪い」という返事がかえってきた。店で既製服を買ったほうが安上がりなので、手間がかかって古臭い民族衣装は嫌われる。そしてある娘は、そんな質問をした私に向かって逆にこう聞き返したものである。

「あなたはどうして日本の民族衣装を着て旅行していないのですか？」

姉妹の行く末

妹マンワンは「デスコ！」と言って腰を振ってディスコダンスの真似をする。お尻を突き出し、自分で口ずさんだ歌に合わせて腰を振る姿は滑稽で笑いを誘う。姉マンノエも小さな包丁で野菜を刻みながらマンワンの踊りを見て笑っている。パクベンの村には、もちろんディスコなどはなく、せいぜいあるのはビデオ屋一軒とビリヤード台だけ。こんな娯楽の様子は中国の田舎とそっくりだ。この村の近代化は中国化、タイ化と同義なのだ。

夕方もこの食堂で食事をしたが、ふたりの料理はまた塩味が効きすぎていた。しかしのんびりしてこの村はなかなかいい。何があるわけでもないのに、ふとした田舎村に居心地の良さを感じてしまうことがある。ラオスの山のなかにいる恐怖心もようやく薄れてきた。恐怖心は大袈裟かもしれないが、正直なところ、ついさっきまで不安感のようなものがたしかにあったのだ。ここで病気や怪我をしたらどうなるのだろう?という不安だ。

メコンの源流に行ったときも、とくに一回目は期待と同時に不安があった。とんでもない田舎に来てしまったなあと。でもそこも慣れれば別段怖がるほどのところではないことに気がつく。ちゃんと日常生活をしている人たちがいるのだ。ここは源流と比べたらだいぶ開けている。というのに、初めて来たという心細さが不安感をあおるのだ。

食堂の彼女たちの笑顔には、その不安感を和らげる効果がたしかにある。しかしここには不安感を和らげてくれるものがもうひとつあった。それは、この河幅三〇〇メートルほどのメコンが、そのままルアンプラバンやビエンチャンにまで通じているということだ。この事実が私に安心感を与えてくれる。もし何か起こったら、とにかくこのメコンを下ればいい。

まさか自分がこんなところで怖がるなどとは思わなかったので、自分ながら驚いた。田舎が好きだとか何とかいっても、しょせん文明とつながったものがないと不安で仕方がないのだ。

食堂では私のほかに客もなく、マンノエはテーブルで何か書きつけていた。あとで見せてもらったら、どうやら家計簿のようである。一日の使った材料と売上金などを書き込んでいたようだ。マンノエのほうが、姉だからしっかりしているばかりではなく、性格的にできた娘だった。マンワンは黙って人の物に触るし、私の財布の中身まで見ようとして、マンノエから注意もされた。まあ、でも、将来商売で成功するとしたらマンワンのほうかもしれない。あの物怖じしない態度と計算の速さ。一〇年くらいたった頃、ふたりにまた会ってみたい。

ルアンプラバンへと下る

「ホテル」に戻り、ドラム缶の水を浴びた。気持ちがいい。暗いから綺麗な水かどうかもわからない。かえってそれが幸いしている。蚊取り線香を焚き、しっかり蚊帳を吊って寝る。夜中大雨になった。雨がトタン屋根に当たる音で目が覚めた。まるで何人もの人が屋根に上っていっせいにハンマーでトタンを叩いているような音だった。このまま「ホテル」がメコンに流されてしまうのではないかと思うほど凄まじい降り方だった。

しかし次の朝、雨は小降りになっていた。メコン河に写真を撮りにいったが、そこに貨物を積んだ長さ二〇メートルほどの船がとまっていて、聞いたらルアンプラバンへ行くという。それで私は急いで荷物をまとめ、マンノエの食堂で昼食用におかずとカオニャオ（おこわ）を買い込み、この船に乗り込んだ。

船内には南京袋が積み込んであった。米を運ぶらしい。その袋の上に八人ほど座っていた。坊さんも四人乗り込み、彼らはいい場所を与えられ、足を伸ばして寝ていた。私は部屋の隅で足を曲げ、窮屈な格好で横になった。

しかし、途中の景色はなかなか美しかった。メコンの船下りはそのうち内外の観光客にブームになるだろうが、そのときこのファイサイからルアンプラバンまでは最高のルートのひとつになるだろう。周りには高い山もあって山水画の世界である。途中で乗り込んだモン族の男は小熊を連れてきたが、またたく間に退屈していた客のアイドルになってしまった。

午後五時、ようやくプーシーが見えてきた。ルアンプラバンの小高い丘に建つ仏塔だ。一三五三年、ラオスに初めての王国ランサーン王国がファーグム王によって建国された。そのときの王都が、現ルアンプラバンだった。

流木に混じってミネラルウォーターのビンが流れていて、思わず、源流で私が投げ込んだビンを思い出した。しかし、それはあのビンとは違っていた。今頃あのビンはどこを漂っているのだろう？　いや、もう、どこかの岸に打ち上げられているかもしれない。運がよければ、ベトナムの河口から南シナ海に出て、黒潮に乗って日本までたどり着いているかもしれない。いや、アメリカ大陸まで行ったか？　たぶん無理だろうなと思いながら流したビンだが、わずかな可能性に賭けてみた。無理だと思っていたことが実現したら、よりいっそう嬉しさは増すのである。

私のメコンの旅も同じようなものかもしれない。源流から河口まで、全流域を踏破できるかどうか保証はない。でも、やり始めたのだから、やれるだけやってみようと思う。

前回、乾季に訪ねたときとは違って、河の水はかなり増水している。私の乗った船は、ゆっくりとルアンプラバンの船着き場に着いた。

ルアンプラバンの女性がまとっているのは、織物を筒状に縫い合わせ腰に巻くスカート、ラオス伝統の「シン」

ビエンチャン――仏典とコンピュータ

密入国の意味

夕方になると、メコン河に沿ってビールや焼き肉などの屋台が出て、夕涼みする人たちで賑わっていた。真っ赤に染まったメコン河を眺めていると、たしかにここが、夕景が一番美しい場所のようであった。一九九四年七月、私は雨の季節のビエンチャンに滞在していた。

つい最近、白人三人が、ゴミ袋に荷物を入れ、口にくわえ、ノンカイから泳いでラオスに渡ろうとして捕まった。ラオスの国境警備の兵士から銃を突きつけられた三人は、いったん上陸したがすぐにタイに送り返された。送り返された彼らがどうなったかはだれも知らないが、でもどうして密入国などたくらんだのか、それが不思議だ。昔と違って密入国なんかしなくてもラオスに来ることができるのだ。船代の三〇バーツが惜しかったからなのか？

ビエンチャンに住む人から聞いた話だ。

この話を聞いたとき笑ってしまったが、それにしても彼が不思議に思うのは当然で、どうしてわざわざ密入国なんかたくらんだのか、その理由がわからない。たとえば以前のように外国人がラオスに入るのが難しかったとか、船代がベラボウに高いとか、私たち凡人にもわかる理由があれば理解しやすい。しかしこの時代になってスパイだとすれば間が抜けているし、すぐ見つかるとわかりながらこんなことをしたこの白人三人組の気持ちは、どう考えてもわからなかった。深読みして、かえってわからなくなることもある。ここは、単純に考えよう。いや、やはり単純に考えても理由はわからないな。

現在、タイからラオスに入る方法はたくさんある。飛行機はもちろんのこと、両国の国境をつくるメコン河を渡って入る方法もある。船も以前はノンカイとビエンチャン郊外のタードアを結ぶ一カ所だけだったが、今はいくつもある。こんなに自由に行き来ができるようになるとは、つい最近まで考えられなかったことだ。

ミタパープ橋

ある日、バスに乗ってミタパープ（友好）橋を見にいった。バスターミナルから約二五分でメコンに架かる橋の入り口に着いた。ここが事実上ラオスの出入国管理事務所になっている。この橋が開通したのは一九九四年の四月。八八年一一月にタイとラオスの両首相が合意し、八九年にオーストラリアの援助で建設が始まった橋である。完成してまだ三カ月しか経っていない。大きな屋根の建物の正面には、ミタパープ橋をデザインした丸い看板が掲げられている。

午前八時半頃になって、タイ人の団体がいくつも到着し，入国手続きをする場所は人であふれた。彼らはタイの大型バスでやって来ると、手続きを済ませ、ガイドの指示に従ってラオス側の大型バスに乗り換え市内へと向かった。

橋は完成したが、タードアと対岸のノンカイを結ぶ渡し船は廃（すた）れていなかった。タイやラオスの国旗を翻した船が、人と荷物を載せて、一〇分に一便くらいの頻度で行き来している。

二週間後、今度はタイ側からミタパープ橋を見にいった。橋のたもとにはTシャツなどの土産物屋や食べ物を売る屋台なども出て、立派な観光地になっていた。真新しい灰色の橋をバックにして記念写真を撮っている観光客で賑っている。ラオス側は金網が張ってあり、橋のたもとには近づけなかったのとは対照的である。

雨季のメコン、乾季のメコン

ビエンチャンで一番の繁華街だというチャオ・アヌ通りは、日中歩くとここが一国の首都だとは思えないほどのんびりとしていた。ノンカイの大通りよりも車が少ないというのが、静かだと感じる理由のようだ。

私はこの町で、安いゲストハウスに一週間滞在しているという日本人旅行者と知り合った。タイに通算二年いるという二八歳になる青年で、イサン語（ラオ語）を話すことができた。

彼が行きつけだという、映画館わきのサンドイッチ屋へ行ってみた。おばさんがフランスパンに自家製のパテ、ハム、マンゴーの細切りを挟んでくれる。ひとつ三〇〇キープだ。昼どきなのでいろんな人が買いにくる。ラオス人はもちろんのこと、ロシア人、ベトナム人、中国人もやって来た。

夕方町をブラブラして、またサンドイッチ屋を覗いてみると、豆腐やピータンをつまみに、例の彼がおばさんを話し相手にしてビールを飲んでいた。

おばさんはメコンについて、雨季には河の水は増水し、年によっては堤防を越えるときもあるんですと言った。乾季と雨季の水の量はかなり差があるそうだ。

インドシナ半島は熱帯モンスーン気候で、乾季と雨季がはっきり分かれている。雨季は五月から一〇月くらいまでだ。メコンが増水するのは雨季の終わりで、しばしば流域に洪水をもたらす。ビエンチャンでは最大流量が最小流量の実に三六倍にもなるのだそうだ。（『世界の川』一九八〇年、伊藤剛）

私がビエンチャンに滞在したのは、乾季の二月と雨季の七月で、メコンの水量はたしかにだいぶ違っていた。

ビエンチャンのメコン河は、乾季と雨季ではまったく違う表情を見せる。
乾季にはこのように中洲も現れて、ゴルフやる人たちの姿もあった

二月に来たときは、メコンの河幅も狭くて河原がかなり露出していた。その河原ではゴルフをしていた人もいたし、水牛の放牧も見た。そして流れの穏やかな河に入った男が、投網を打って魚を捕っていた。しかし雨季には水は土手の近くまで上がっていて、漁は船に乗ってやらなければならないし、河原が消えたのでもちろんゴルフをやっている人などもいなかった。

ルアンプラバンでも、メコン河岸にアメリカ軍が置き去りにした鉄の船のスクラップが、雨季に訪ねたときにはすっかり水に覆われて見えなくなっていた。河岸の斜面を利用した野菜やピーナツ畑もなくなっていた。

アジアには、雨や水をもたらす神様として崇められているナーガ（蛇神）や龍という想像上の動物がいるが、ラオ族の信仰のなかには、乾季にはメコンの本流に住んでいたナーガが、雨季になると増水した支流を遡っていくという言い伝えがあるそうだ。そして雨季が明けると本流に戻ってくるわけだが、その時期に合わせてメコン流域の各地ではボートレースが行なわれる。そのボートはナーガをかたどっている。洪水になどならず、メコンの水量が順調に減ってくれることを祈願する祭りである。結局それは五穀豊穣を祈願することなのだ。

タイのようにはなりたくない

夕方は、市内にいくつかあるビアガーデンのひとつへ彼といっしょに出かけた。日中の暑さは、夜になってようやくしのぎやすくなる。

ビアガーデンはテーブルが一〇卓ほど並び、半分ほどが客で埋まっていた。一リットル単位で売るらしい。一リットル五〇〇キープ。ただ、その一週間後には六〇〇キープに値上がりしていた。ビールは初め、口に残るような感じがするが、飲み慣れてくると、それもひとつの個性かと思えるようになる。

彼はラオ族とイサン人の微妙な立場を説明する。イサンとはタイの東北地方のことだ。もともとはイサンの人もラオ族も同じ民族だった。しかしフランス植民地時代の一九世紀末、メコン河によってタイとラオスに二分されてしまった。

バンコクではイサンは田舎者の代名詞だし、バンコクでの物売りやツクツクの運転手は、ほとんどがイサン出身者だ。イサンの人は、自分はタイ人だというアイデンティティーをもっていて、ラオス人といっしょにされるのを嫌う。一方のラオス人は、タイ文化が入るなかでタイ人に憧れはあるものの、イサンの人でさえ自分たちを見下すところがあり、イサンの人に特別親近感を抱いたりはしない。ラオス人から見ると、「バンコクの人もイサンの人も、ともにラオスにやって来て悪いことをするやつらさ」ということになる。もちろんこれは一般論の話である。

以前、私はタイ側のノンカイから二〇キロほど上流のシーチェンマイに行って、メコンの岸に立ち、逆にタイ側からビエンチャンを眺めたのだが、そのとき小学生四人と会った。片言の英語で何か話をしていたとき、子どもたちは「I don't like Lao.（私はラオスが好きでない）」と言ったので「Why?（なぜ?）」と聞いたのだが、その「Why?」という意味がわからず、その理由を聞けなかった。いや、わかっていたのかもしれない。しかし嫌いな理由が自分たちにもわからなかったのかもしれない。ラオス人と付き合うこともなく、親たちがラオス人は嫌いだと言っているのを聞いて育ち、何となくラオス人は嫌いだと感じているのではないだろうか。

ビエンチャン中心地のバスターミナルの隣にタラート（市場）がある。最近新しくタラートの一角にスーパーマーケットまでできた。ここにはタイ、日本、中国製品があふれ、終日買い物客で賑わっている。タイふうのファーストフードの店には、Tシャツ、ジーンズの若者がコーラなどを飲んでいる姿は珍しくない。メコンに架かるミタパープ橋が完成し、ますますラオスはタイ化すると心配する人の意見も聞いた。物が入ってくるルートとしてはタイばかりではなく、北の中国との交易も盛んになり、貨物トラックが雲南(ユンナン)省から国境を越え、ルアンプラバンやビエンチャンまで中国製品を運んできている。それと、経済開放政策で、隣国のベトナムも徐々に力をつけつつある。
物ばかりではない。新しい文化も入ってくる。ビエンチャンのゲストハウスで従業員が一日中見ていたのは、タイのテレビ局の番組だった。サバナケットのお菓子屋のおばさんの話では、ラオスのテレビの放送は週三日、それも二時間ずつだけで、あとは全部タイのテレビ局の放送を見ているという。ルアンプラバンやビエンチャンのビデオ屋には、タイ語のビデオが山積みになっていた。ラオス独自の文化とはいったい何か、いわゆるアイデンティティーの問題も考えなければならない時期のようだ。
二三万七〇〇〇平方キロの国土に四一〇万人（一九九〇年）が住む小国ラオスは、周囲を経済的、文化的に強力な国に囲まれている。周辺国とうまく付き合っていくのが最大の課題であるラオスにとって、周辺国の影響を受けながらも、しかしタイと同じような「開発王国」の道を歩むことだけは避けなければならないという強い決意もありそうだ。タイに行ったことのある旅行会社のラオス人は私にこう言った。「タイのようにだけはなりたくないですね」と。

仏典をコンピュータ入力

ベトナムふうの生春巻きで夕食をとって、ぶらぶらとホテルに戻ろうとしていた。そのとき、ガラス張りの店のなかが明るくなっていて、数人の子どもたちがコンピュータに向かっているのを見かけた。そこはコンピュータ教室だった。
教室の先生は、アナン・ノラシンさんといい、アメリカの大学を卒業したあとエンジニアとしてしばらく働いていたが、一九八八年にラオスに帰ってきて、九三年八月、この学校を開校したという。生徒は現在四〇名、下

ラオスのテレビ番組は週3日で2時間ずつ、あとは全部タイの放送。ビエンチャンのビデオ屋には、タイ語のビデオが山積みに

は九歳の子どもから上は六五歳の老人までいるそうだ。
サフラン色の袈裟を着た坊さんもひとりいて、モニターに向かいキーボードをたたいていた。パーリー語の仏典を入力しているのだとアナンさんは説明してくれた。彼は「ちょっと待ってください」と言うと、どこからか布でくるんだものを持ってきて、私の目の前で開けて見せた。それはラオ語で「バイラン」と呼ぶ木革製の仏典だった。
「これを今この坊さんがコンピュータに入力しているんですが、いずれこの『バイラン』は博物館行きになってしまうでしょう」
と彼は言う。たしかにその「バイラン」は古びていて、いずれ形が崩れて読めなくなってしまいそうだ。その前に内容をコンピュータに入力しておき、実物は博物館で展示する方法が一番いいのだろう。最新のテクノロジーを用いて、古い物を保存するのだ。
ビエンチャンではゲームのソフトも手に入ると彼は言った。
「子どもがコンピュータゲームに興味を示すのは万国共通です。最初はゲームでも、それに興味が出れば、子どもたちは次に本格的に勉強します。だから子どもがゲームに熱中するのもいいことだと思いますよ」
コンピュータ教室を出たとき、雲が稲妻で不気味に光っていた。私は子どもが遊ぶ様子を頭に思い浮かべた。たとえば、雲南省の山岳地帯で、手づくりの独楽や竹馬で遊んでいた子どもたち。自分の子ども時代を思い出し、懐かしくなった。一方、町で見かけるのは、街頭テレビゲームで遊ぶ子どもたちの姿だった。世の中が変わるにつれて子どもたちの遊びが変わっていくのは当たり前だろう。しかし遊びの内容が違っていても、遊びに熱中する姿には変わりがない。今、外で遊ばずに家のなかでテレビゲームばかりに熱中している子どもを見ると、少しは「子どもらしく」外で遊んだらどうなんだ?と言いたくなることもあるが、私が子どもの頃、親から「テレビばかり見ていると馬鹿になるぞ」と言われて育ったことを考えると、一概にテレビゲームが悪いともいえないようで、どんな遊びでも、子どもは次の時代に必要なものを遊びから学んでいるのだろうと思ったりもする。もっとも、今でも私の親は私のことを「テレビばかり見ていたからあんなになってしまって」と嘆いているのかもしれないが。

　また稲光が夜空を貫いた。椰子（やし）に囲まれた寺院の屋根が、黒いシルエットとなって一瞬闇のなかに浮かび上がる。蒸し暑い夜だ。そろそろ、また雨が降りだすようだ。

リーピー――精霊の棲む滝

メコンに浮かぶ島

「リーピー?」
「そうです、リーピーです」
「それじゃあ、そのリーピーの先は?」
私は彼らに聞いた。ルアンプラバンの寺タートルアンで修行する英語を少し喋る小僧たちは、お互い顔を見合わせて、そして私に答えた。
「I don't Know.(知りません)」
そのリーピーを見たい、と私は思った。ラオスのルアンプラバンやビエンチャンに行ったとき、何度かメコンの話になって、数人から「メコンは、リーピーに流れる」と聞かされたのだ。それじゃあ、リーピーの先は?と尋ねると、決まって「知らない」という返事が返ってきた。
ビエンチャンの旅行社のインテリ男性も、私のラオス南部のパクセ行きを知ると、リーピーの話をするのだった。
「リーピーというのは、精霊の棲む滝なのです。そこには、たくさんの精霊がいるので、怖がってだれも近づかないんですよ。そこで写真を撮ってもフィルムに写らないこともあるんです。気をつけてくださいよ」

彼はそう言うと、いたずらっぽく笑った。

リーピーとはカンボジアとの国境にも近い、ラオス南端の滝のことだ。人（とくにラオ族）がそれほどまでに恐れている滝とはどういうものだろう。是非それをこの目で確かめたくなった。

一九九四年一二月、タイのウボンラチャタニから乗り合いバスに乗って国境チョンメックからラオスに入った。一時間ほど車で行くとメコンに出た。ここにもまだ橋は架かっていないので、フェリーか船で対岸のパクセに渡る。私はパクセに二泊し、次の日の早朝バス乗り場に急いだ。

バスは日本製のトラックを改造したもので、荷台に屋根つきの座席がつくられている。出発間際に客はいっぱいになってしまい、混雑が嫌なのか埃だらけになるのが嫌なのか、たぶんどっちも嫌なのだろうが、数人の男は屋根の上に登っていった。コーン島までは約四時間、バスの料金は一〇〇〇キープだった。

バスから降りた私は、まず身体と荷物に被った四時間分の埃をはたいて落とし、船着き場前の屋台でミルクコーヒーを一杯すすった。

対岸に見える陸地がコーン島だ。「ラオス最大の島」と、パクセで聞いたとき、私はラオスは内陸国で、海なんかないじゃないかと思ったが、その人が言うのは、メコンの中洲、このコーン島のことだった。

ここも一年半前に一度訪ねている。前回来たときは、日が沈む夕方だった。日中の暑さも和らぎ、家々の外では夕涼みする人たちや、メコンに降りて水を汲んだり洗濯する女性たち、水を浴びてキャッキャッ跳ね回る子どもたちもいた。水は穏やかで、まるで湖のようだった。島に沈む真っ赤な太陽を背景にして、漁民の小船が行き交っていた。

メコンの水量が多めだが、あとは何も変わっていない。ゴールデントライアングルのように開発が急ピッチで進んでいるわけではないので、今のところのんびりした雰囲気は失われていない。
島は、南北二〇キロ、東西八キロ、人口約五〇〇〇人、二〇〇メートルの高さの山があり、小規模だが朝市も立ち、水田では米をつくり、米はパクセに売るほどあり、メコンからは魚が捕れる。コーン島で自給できないのは、着る物や薬だけだ。ここはラオスでも豊かな土地だという。

コーン島の中国婦人

開業してまだ二週間だという新しいゲストハウスの、恰幅のいいおばさんは地元出身の中国人。彼女のお父さんは広東(コワントン)出身で少年のときここに渡ってきた。昔は中国人もこの島にたくさんいて、彼女は中国人学校で勉強した。今はもちろんその学校はない。
一九七五年に王政が倒れ、社会主義政権に変わったとき、彼女はオーストラリアに逃げた。そして最近帰ってきて、ここにゲストハウスを開業した。今、ラオスとオーストラリアを行ったり来たりしているという。
「お金になるところを探して歩くのが、中国人のスタイルね」
と彼女は言った。逃げた先のオーストラリアも彼女にとって理想の地ではなかったようだ。あそこでお金をつくるのは難しいから、と言う。
「日本も難しいわね」
彼女の友人が日本に立ち寄ったとき病気になってしまった。病院へ行ったら、まずその人はパスポートとお金がいくらあるのか調べられた。幸いお金はあったので、医者は診てくれたという。
「お金がないと医者にもかかれない国では、どんなにお金が儲かるったって住みにくくて仕方ないでしょう?」
と彼女は言う。住みにくくても私にとって日本は自分の国で、悪いことばかりではないのだと言いたいのだが、

パクセから乗ったトラックバスは町を1時間ほど南下し、
フェリーに乗ってメコン河の中洲でもあるコーン島に渡る

でも彼女が憤慨するのもわからないではない。彼女の生まれ故郷であるこの島が、結局一番居心地がいいらしい。
「オーストラリアの生活は大変だったわ。朝早く起きて夜遅くまで働かなくてはならない。でもここを見て。ここではゆっくり起きてのんびり暮らせる。昼寝もできるし、暑かったら河で水浴びし、あくせく働く必要はないのよ。もちろんここにはディスコもカラオケもないけど、でもそういうものさえ望まなかったら、幸せに暮らせるのよ」
とはいっても、最近は外国からいろんな物が入ってきて、若い人たちは物を手に入れるために忙しく働かなくてはならなくなっている、と彼女は言った。
しかし大部分の人間はまだそれほど物に執着しているようには見えない。まだタイと比べたら、まだ観光地としても整備されていないし、物や金に振り回されている感じはしない。
私はこの島でアメリカ人の旅行者と会った。彼はタイで仕事をしていて、休暇でラオスにやって来たという。
「タイはどこへ行っても外国人ばかりだけど、ラオスはその点観光客が少なくて静かでゆっくりできるね」
と彼は言った。たしかにそうだ。恐らく、このラオスがタイのように、もっと観光地化が進めば、コーン島のメコンに沿ったこの通りには、レストランやカフェが立ち並び、上半身裸の外国人がビーチサンダルを履いて闊歩し、怪しげな煙をあたりにまき散らし、音楽をガンガンかけている、そんな光景が日常となってしまうだろう。自分も観光客だし、だから観光客が来なければいいなどとはもちろんいえないし、いうつもりもない。でも地元の習慣を尊重することもなく、自分勝手に振る舞う外国人が増えることは、タイの状況を考えれば当然のこととして予想できる。
ビエンチャンなどの都会と同じく、いずれここでも、みんなが一生懸命働く社会に変わっていくのだろうか？

メコン最大のコーンパペーンの滝

タコ村に着いて、そこから右折して一キロほど進むと、コーンパペーンの滝の上部へ出た。ビエンチャンやルアンプラバンで聞いた「リーピーの滝」とは違う滝で、これはメコンの本流にある滝では最大のものだ。リーピーの滝までは、ここから小船でさらに奥まで行かなければならない。

滝上の岩に生えている一本の木が目に止まった。ラオ族の伝説によれば、この古い木には三つの枝があって、それぞれの枝には違った種類の果物がなる、不思議な木だったという。北向きの枝になる果物を食べた者は、人間であろうと鳥であろうと、すべて猿に変身し、西向きの枝になる果物を食べると若返り、東向きの枝の果物を食べると死んでしまう、といわれてきた。それで下流の人々は、どの果物かわからないので、メコンに流れてきた果物は食べなかったという。

コーンパペーンの滝の展望台に、観光客はひとりもいない。土産物や飲み物売りの屋台がいくつか出ているだけだ。

展望台からの眺めはすごかった。初めてこの滝の写真をあるガイドブックで見たとき、意外に小さく見えていたのだが、実際目の前にしてみると迫力がある。これはメコンの一番大きな滝なのだ。最大の落差は約二〇メートル。滝壺からは、メコンの水が飛沫(しぶき)となって周囲に飛び散る。

滝から二〇〇メートル下流に男が数人いたので、近くまで行ってみた。タコ村の男たちが漁をしていた。こんな急流で魚が捕れるのかと疑問に思ったが、ちゃんと成果はあった。若い男がちょうど三〇センチほどの魚を釣り上げたところで、滝をバックに写真を撮らせてもらう。一日平均二、三キロ捕るらしく、約二〇〇〇キープの現金収入があるそうだ。男たちは農民でもあるわけだが、雨季には稲作もあるし、メコンの水かさは極端に増えて、漁ができないらしい。

イルカの保護活動

コーンパペーンの滝の西側に、メコンの中洲であるバンコンという島がある。そこにはフランス植民地時代の鉄道の跡も残っていて、当時使われていた蒸気機関車のスクラップも見ることができる。

島の南端にはカワイルカが三〇頭ほど生息していて、カナダ人の協力のもと、保護活動が行なわれている。乾季になれば水が引いてイルカが見られるそうだが、私が訪ねたのは一二月でまだ水が多く、イルカを見ることはできなかった。

イルカ保護プロジェクトの責任者プンホーン・ムンスフォンさんに話を聞いた。

「このプロジェクトは九三年に始まりました。もしイルカが漁師の網にかかった場合、網を切ってイルカを逃がします。でもそのとき漁師には網代の五〇〇バーツを保証しています。これでラオス人はイルカを捕らなくなりました。もし捕ったら監獄行きですがね」

事務所の小屋にはポスターが貼ってあった。左側には、毒を流したり、爆弾でたくさんの魚を殺し、それをマーケットで売って大儲けして笑っている男たち絵。右側には、ラオス伝統の漁法で捕った小魚を一匹だけ持って不満そうにしている男の絵が描かれている。毒や爆弾で魚を捕って金持ちになっても、乱獲すれば将来子どもたちの代には魚がいなくなってしまう。収穫は少ないがラオス伝統の漁法を大切にしよう。ポスターはそう訴えている。

魚ばかりではない。森林にしても同じだ。プンホーンさんは以前北タイに視察に行って、森林がほとんど伐採された悲惨な状況を目の当たりにして、ラオスがあんなふうになったら大変だと思ったという。タイを反面教師として、ラオスの開発と自然保護とのバランスをいかに取っていくかということが問題なのだ。彼は地元の人たちといっしょになってその方向を探っている。

リーピーの滝に着く

リーピーの滝は、このバンコン島にあった。蒸気機関車のスクラップが置いてある場所から一〇〇メートルほど西に行くと、そこには立派な橋が架かっていたが、これも同じくフランス植民地時代のもので、今でも地元の人間に使われている。

さらに奥に進む。寺の境内を抜け、幅一メートルほどの曲がりくねった埃っぽい道を一〇分ほど進むと、どこからかゴーッという音が響いてきた。案内してくれた地元の青年が「リーピーです」と言う。ラオス人が恐れるリーピーの滝にとうとう着いたのだ。

コーンパペーンより規模が小さく、どうしてここが有名なのかわからないが、決して人の近づかない滝ではなかった。このときはたしかに人はだれもいなかったが、流れに沿って網を止めるためのものらしい竹竿が、何本も岩の割れ目に差してあり、魚を捕るために地元の人たちが来ていることをうかがわせる。

一八六九年、フランスの軍隊は、このリーピーやコーンパペーンの滝などに阻まれて、メコンを遡って上流の雲南(ユンナン)まで通商路を拓こうとした計画を断念したという。この土地は地理的にラオスとカンボジアとの国境を形づくっているが、ラオ族にとっては精神的にもある大きな境目があるようだ。

西暦紀元前、ラオス南部にチャム族の国が栄え、その後クメール族がチャム族を征服し、ラオス北部ルアンプラバンあたりまで勢力を占めていた。しかし、タイ語系民族のラオ族が八～一三世紀に中国から南下してきて、一三五三年にはファーグム王がランサーン王国を建てた。その後王国は一八世紀に、ビエンチャン、ルアンプラバン、チャンパーサック王国の三国に分裂し、やがてシャム(タイ)軍に占領される。一九世紀末、フランスはシャム・仏条約にもとづき、メコン東岸のランサーン三国をインドシナ連邦に編入し、ここを「ラオス」と呼ぶようになる。戦中はチャンパーサック地方が日本軍の司政下に置かれたこともある。そして一九五三年、ラオス王国としてフランスから正式に独立した。

結局、中国から南下してきたラオ族は、リーピーの滝を越えなかったのである。コーンパペーンに立つ木の伝説で、下流の果物は食べなかったという話も、上流は安心だが、下流は知らない土地だから危険だということを表しているような気がする。日本でも外国へ行ったことがない人に「外国では屋台の食べ物は非衛生的だから食べるな」と注意するのと同じように。ラオ族にとって下流はよその国、世界の果てなのである。

滝音は凄い。滝壺をじっと見つめていると、つい引き込まれそうになる。しかも岩場は滝の飛沫に濡れているので、注意していたにもかかわらず、うっかり滑ってしまった。ハッとしたそのとき、「何か」から身体を引っ張られたような感じがした。これが彼らの恐れる精霊なのかどうか、私にはわからないが、やはりここは、特別「何か」を感じやすい場所であることは確かなようだ。東京に住んでいては、精霊の存在にリアリティーを感じないが、不思議なことに、宗教心のかけらもなさそうな私でさえ、こういう場所では感じるのである。

メコンは豊かな幸を人間に与えるばかりではなく、ときには洪水を起こして、人の命さえ奪うこともある。リーピーの精霊は、メコンに対して感謝と畏怖（いふ）の念を同時に抱いて暮らす彼らの、自然観の表れに違いない。

第三章 下流域

カンボジア、ベトナム

夜明け前のアンコールワット。満月に近い月は明るくなるにしたがって遺跡の背後に沈んでいった

〈前見開き〉
クメール帝国全盛期の12世紀に、スールヤヴァルマン2世によって建立されたヒンドゥー教霊廟寺院アンコールワット。15世紀、アンコール朝が滅亡したあとは仏像が祀られ、今でも南方上座部仏教の寺院として信仰を集めている

〈次見開き〉
早朝、なかで夜を過ごした地方出身の僧侶たちが、観光客が押し寄せる前にどこかへ立ち去った

上／バンテアイスレイとはクメール語で「女の砦」を意味する。アンコールの遺跡群のなかでも彫刻が美しいことで知られる
下／バンテアイスレイ神殿の精緻な彫刻に圧倒される。「東洋のモナリザ」と呼ばれる女神デヴァダーの浮き彫り

アンコールワット近くの町シエムリアプで偶然行き合わせ、参列したクメール式の結婚式。僧侶が読経するなか、式のクライマックスでは新郎と新婦が手を合わせ、結婚の誓いをたてる。親戚縁者からの祝福を受けた花嫁の目からは涙があふれていた

結婚式で使われる儀式用具とお供えもの

〈左ページ〉
今夜から新婚夫婦の新しい生活場所となる寝室で記念撮影。緊張のせいだろうか、新郎の手にはなぜか力が入っていた

〈前見開き〉
チャンパー末裔のチャム族たちの漁。最大の漁獲高を誇るトンレサップ湖から、乾季にはメコン本流へと大量の魚と水が流れ出る。網を定期的に引き上げて籠に入った魚を捕る

トンレサップ川の朝。仲買人が、魚を買いつけていた。雨季になると、メコン河の水はこの川を逆流して、トンレサップ湖に流れ込む。乾季になって川の流れがもとに戻ったとき、下ってくる魚をたくさん獲ることができる

上／夕方、トンレサップ川での漁を終えて水浴びする青年。漁期は、乾季が始まる10月頃から翌年の1月まで。12月に訪れたときには、多くの家族が川岸に仮小屋を建てて、泊まり込みで漁を続けていた
下／足で舵を器用に操りながら燃料用の薪を積んだボートを進める男。トンレサップ川で

飛び込みに興じる子どもたち。なかなか飛び込もうとしなかったこの子も、下で待つ子どもたちに何度も呼ばれて、ついに飛んだ

シエムリアプの子どもは牛の世話をしながらも、友だちを見つけると遊ぶほうが一生懸命になるようだ

〈右ページ〉
トンレサップ湖の北西、シエムリアプ郊外の田園風景。牛車に乗って農作業に向かう

プノンペンで行なわれる水祭りは、国を挙げての一大行事である。王宮前の河畔は観客で埋め尽くされる

乾季の初めの11月、カンボジアの首都プノンペンで水祭りが始まった。国内各地の大会を勝ち抜いてきたボートがプノンペンに集まり、晴れ舞台のレースに参加する

競漕用ボートの船首に描かれた蛇神ナーガの目玉。バナナや線香をお供えして、レースの勝利を祈願する

蛇神ナーガを象った細長いボートが滑るように水の上を走っていく。漕ぎ手の男たちの荒い息づかいが、オールの動きに呼応して力強いリズムを刻む

レースで勝ったグループは客席の声援に応え、奇声を発したり踊ったりして凱旋する。ビニール袋に詰められた砂糖キビのぶつ切りが、観客からボートの選手に向かって放り投げられた。彼らはそれで喉の渇きを癒す

レース中、ボートの舳先で先導役をつとめる娘。勝利の女神といったところだろうか

上／プノンペンはカンボジアの首都だが、一歩路地に入ると舗装されていないところがほとんどだ
下／カンボジアもタイやラオスと同様の南方上座部仏教徒が多い。プノンペンの王宮広場で

〈右ページ〉
プノンペンの電線はカオス状態だ。勝手に電線につないで自宅に電気を引くつわものもいるそうだ

ベトナムのロンスエンの運河に沿った風景は、この２年でだいぶ様子が変わっていた。幅の広い新しい道路ができていて、以前あった古い町並みがなくなった。ホーチミン市はもちろんのこと、デルタの町でも変化は速い

メコンデルタでは、町や村を結ぶ各種の水上バスが走っている。バス停のような決まった乗り場がない町はずれでは、手を振って船を呼び止める。しかし、かならず止まってくれるとはかぎらないようだ

ロンスエンの市場前で客待ちをするシクロ（人力の乗合タクシー）の運転手たち。夕方、町は暗くなったが、市場の電灯だけが明るく灯る

古い町並みが残るチェロン地区の市場。この地区には、もともと中国人がたくさん住んでいたが、1975年4月にサイゴンが陥落し、南北ベトナムが統一されると、その多くが国外に脱出した。しかし、「ドイモイ（刷新）」政策が功を奏し、中国人が戻り、市場にも活気がよみがえってきた

イゴン地区の市場で見かけた米屋。産地や銘柄、値段を書いたカードがずらりと並んでいる。愛想の良い店員がお客を呼びこんでいた

〈前見開き〉
「ドイモイ」政策で活気づく人口400万人のホーチミン市。このとき、橋の上で交通事故があったらしく、夕方の帰宅ラッシュと重なって大渋滞になってしまった

ホーチミン市の午後は暑い。
日蔭での昼寝が、いちばん気
持ちのいい時間の過ごし方だ

市民のおもな交通手段は、バイク、シクロ、
自転車。ギネスブックに挑戦しているわけ
ではないだろうが、家族全員が自家用車代
わりに1台のバイクに跨り、どこかへ出か
ける光景は、ホーチミン市では珍しくない

上／ホーチミン市チョロン地区にあるティエンハウ寺。らせん状の線香が燻るなか、参拝者がひきもきらない
下／ベトナムの寺では、仏教や観音像にネオンが多用される。SF的雰囲気で、近未来の寺を想像させる

〈右ページ〉
ベトナムの新興宗教カオダイ教は、1926年にレー・ヴァン・チュンを初代教主として正式に発足した。仏教、キリスト教、儒教、道教などを混合した宗教で、現在、信徒数は200万人ともいわれる。総本山は、ホーチミン市の北西100kmのタイニンにある。総本山の堂内にて撮影

メコンデルタの運河は網の目のように張り巡らされている。交通手段は陸上よりも船が圧倒的に便利

上／ミトー郊外で見た四ツ手網の漁。網をしばらく水中に沈めておき、時間が来たら網を上げると、中央部の容器に魚が溜まる
下／メコンデルタでは豊富な椰子を使って炭を作る小さな工場がたくさん点在している

水上マーケットにココナツを運んできた男。ココナツミルクはベトナムの定番スイーツ「チェー」には欠かせない

カントーの町と郊外の村を結ぶ渡し船。朝の通勤ラッシュには人間のほかに、自転車を載せる客もいる

メコン河とつながるカントー川に沿った市場の船着き場
は大混雑。ほとんどはエンジンの無い手漕ぎのボートだ

この男は市場で買い物
をして泳いで家に帰るよ
うだ。買い物かごを濡
らさない独特の泳ぎ方
は器用というしかない

〈右ページ〉
カントー周辺は稲作地帯でもある。稲刈りでも水が引かない田んぼでは、稲を運ぶ小さなボートが使われる

上／カントー郊外の水田地帯、脱穀したモミを川で洗っている
下／モンキーブリッジと呼ばれる運河に架けられた簡易の木橋。船が通るのでけっこう高さがある

上／フーンヒエップで観光客相手のボートに乗った。客引きは最近始まったばかりで、この男の子は、まだ英語が喋れないガイドの卵
下／メコンデルタで特産のサトウキビを大量に運ぶ船

〈前見開き〉
大小無数の船が集まってくるカントーの東南、フーンヒェップの水上マーケット。60km先は南シナ海である。メコンデルタが急速に開発されたのは、19世紀の後半、フランスの植民地になってからで、運河が掘削されたのが始まり

〈左ページ〉
小船の売店は種々様々で、フランスパンのサンドイッチを売る小船も多いが、具がベトナム風だ

〈前見開き〉
メコンデルタ南端の交通は、陸上より水上のほうが発達している。郊外から運ばれてきた物資はカーマウの市場の船着き場で荷揚げされる。これらの船は米や米糠などを運んできた

アヒルにバナナを食べさせ、重くしてから売りに出す。石を飲ませるよりは良心的だとガイドは言う

デルタ南部の町カーマウ郊外のアヒルの養殖場。ベトナムでは、アヒルの肉や卵を使った料理が鶏と並んで一般的である。ここでは8000羽が飼われているそうだ。餌にはデルタで豊富に穫れる米を使っている。3カ月飼育したあと、ホーチミン市に出荷する

メコンデルタの村タントゥアンの小さな学校。教室で勉強をしている生徒の様子を見ていると校長先生が現れて、私たちを職員室に招いてくれた

これから河口を目指すという私を「物好きな外国人だ」といった表情で村人が珍しそうに眺めている

河口は、マングローブ林が潰されてエビの養殖場になっているところもあるが、ここは河が運んできた泥によってつくられた遠浅の浜になっていた。潮が引き、2km先まで陸地になるこの浜では、たくさんの人が貝を捕っていた。うっすらと遠くに見える薄茶色の部分が、メコン河が注ぎ込む南シナ海である

上／メコンのいくつもある流れの一番北に当たる河口。遠浅の海で捕れた魚を仲買人のところまで運んできた男
下／彼らは浜に着くと、そこで仲買人に採った貝の重さを量ってもらい、即現金を払ってもらう

源流のチベット高原から、延々4200km下ったメコンデルタでは、船は日常生活に欠かせない。満々と水を湛えた河を、渡し船が行き来する

〈前見開き〉
ここは、デルタでいくつかに分かれたメコン河のひとつ、クアダイの河口である。写真は、海側から内陸方向を撮っている

アンコールワットを見たい

朝だけの検疫所

午前三時半、目覚ましが鳴った。慌ただしく荷物をまとめてホテルを出ると、バイクタクシーをつかまえてバス乗り場へ急いだ。街灯の下には、行き先の違う二〇台ほどの車が並び、フランスパンやミネラルウォーターを売る人間や乗客たちがうごめいていた。

すぐに客引きの男が寄ってきて、どこまで行くか?と聞く。シエムリアプまでと言うと、そこまで直通の車はないが、シソフォンまでならと言うので、それに乗り込んだ。日本製の乗用車、五人乗る相乗りタクシーだ。料金はひとり八ドル。

これからアンコールワットを見るために、シエムリアプの町まで行くのだ。プノンペンから直接シエムリアプへ通じる道路もあるのだが、一九九二年一一月当時は途中、ポル・ポト派の支配地域を通るので危ないということで、車は出ていなかった。だから、回り道になるが、トンレサップ湖の南岸をまず西に進み、シソフォンから東に戻るような格好で行くしかない。

出発して間もなく、プノンペンの市街地を出たか出ないかという場所に検問所があった。いや、検問所というよりは「通せんぼ」と呼んだほうがいいようなものだった。ドライバーは車を降りて、検問所の詰め所に行って帰ってきた。銃を持った兵士がバリケードを退けてくれる。しばらく行くと、また検問所があった。兵士が車に近づいてきて、ドライバーは現金を渡す。するとバリケードを退けてくれた。そして一キロ行かないうちにまた検問所だ。今度はトランクを開けて一応荷物検査らしいことをやる。またトライバーはお金を渡した。

いくつ検問所があったろうか？　一〇カ所くらいあったのではないかと思う。検問所によってランクがあるらしく、一〇〇リアル札数枚のときもあったし、赤い五〇〇リアル札何枚かのときもあった。

あとで聞いたのだが、この検問所は兵士たちの一種のアルバイトとなっているが、国連軍に気兼ねしているのだろうか、日中はやっていないということだった。

シソフォンまでの道は悪かった。舗装がところどころ壊れて、まるで月のクレーターのようだ。補修した様子がなく、まったく荒れ放題なので、車は左右に蛇行しながらゆっくり進む以外にない。

地元のトラックや国連軍の車が、ものすごい土埃を巻き上げながら走り過ぎていく。ちょうどタイに逃げていた難民たちが、カンボジアにぞくぞくと帰ってきている時期で、その難民を運ぶタイの大型バスと何台もすれちがう。新しい村もいくつか見かけた。難民たちが帰ってきて住み始めた村だ。

インドシナ半島のトイレ、心地好し

タイとの国境にも近いシソフォンで車を乗り換え、アンコールワットの遺跡に近いシエムリアプの町に着いたのは暗くなってからだった。プノンペンから、約一五時間かかったことになる。

シエムリアプでは、中国人キムさんの経営するゲストハウスに泊まった。彼は、カンボジア生まれの中国人だ。両親は中国広東(コワントン)省梅県(メイシエン)出身。親戚がアメリカのカリフォルニアに住んでいると言い、彼らがここを訪ねたときの記念写真を見せてくれた。彼もポル・ポト時代には強制労働を体験した。朝六時から一二時まで、午後は一時

シエムリアプ郊外の水田地帯。牛の世話は子どもの役目でもある

から六時まで、そして夜も七時から一二時まで働いた。食事は一日二回、おかゆ一杯だけ。彼の姉さんとその子どもが餓死したという。彼はポル・ポト時代の話を淡々と話したあと、
「でも、今はこのあたりに国連軍がいるので治安はいいし、このゲストハウスを今年の二月にオープンし、商売ができるようになったので、私は良かったよ」
と言った。
それにしてもどうしたことか、カンボジアに入って私は腹の調子を崩し、一日数回はトイレへ行くようになってしまった。しかし、このゲストハウスのトイレは清潔だったので、回数が多くても精神的には楽だった。
高級なホテルや外国人がよく使うトイレを除いて、インドシナ半島の国ではどこでも、トイレは、用が済んだら尻を水で洗うという式のものだった。トイレには便器のほかに水瓶が置いてあって、プラスチックの桶などが浮いている。右手でその桶を持って水を汲み、（あくまでも私の場合だが）背中のほうに持っていき、水を腰のあたりから白糸の滝のように流し、左手の指でコチョコチョと肛門を洗うわけである。これが慣れるとすごく気持ちがいい。水で洗うことを覚えてしまうと、紙など使ったりすると、まるで紙ヤスリで擦っているようで涙が出てきてしまう。とくに痔持ちの私にとっては、食べ物がおいしいとか、いろいろな人と触れ合うことができるとかいう以前に、ただこの水を使えるトイレだけのためにメコン流域に行く価値はあるのだ。
一二九六年、カンボジアを訪れた中国人周達観が著わした『真臘風土記』には、こんな記述がある。当時のクメール人のトイレについて触れた部分だ。
『すべて［この］便所で［用便が］おわれば、必ず池に入って洗浄する。洗浄するにはただ左手だけを用い、右はめしをとるのに［保］留して［使わない］。唐人が厠にはいって、紙を用いてこすりふくのを見ると、みなこれを笑う』（和田久徳訳注、平凡社）

「アンコール」の再発見

俗に「アンコール」と呼ばれるのは、アンコールワットを含むアンコールトム、バンテアイスレイなどの遺跡群のことだ。その遺跡群の間には、普通の農村があって普通の人々が生活している。農民がバイクや自転車で、遺跡の間を走り抜け農作業へ行くという光景も見られ、ちょっと意外な気がした。意外だというのはこっちの勝手な思い込みで、遺跡は密林のなかにひっそりとあって、人間は六キロ南にあるシエムリアプの町にしか住んでいないというイメージを勝手につくり上げていただけなのであるが。

一～二世紀初め、南部ベトナムからカンボジアにかけてのメコンデルタの地に、扶南（ふなん）という国が生まれた。扶南の建国説話によると、あるとき混塡（こんてん）という異国人が商船でやって来て、女王柳葉（りゅうよう）と結婚し、インドの風俗習慣を伝えたという。五～六世紀の頃、扶南は全盛期を迎え、その支配地域は東北タイ南部まで広がっていた。しかし扶南は、その後七世紀前半頃、新しく勃興してきた真臘（クメール）に併合されてしまう。八世紀初期には真臘が、北の陸真臘と南の水真臘に分裂するが、八〇二年ジャヤヴァルマン二世がクメール王国として統一する。

九〇〇年頃から一四三一年まで、アンコールはクメール王国の首都として栄えた。一二世紀にはクメール王国は全盛期を迎えるが、一三世紀の半ば頃からタイ族が中国から南下してきて、しばしばアンコールはタイの攻撃にさらされるようになる。そしてついに一四三一年に焼き払われてしまう。

このアンコール遺跡群が、再び人々（主にヨーロッパ人）の興味を引くようになるのは、フランス人博物学者、アンリ・ムーオの発見を待たなければならなかった。彼はアンコールワットを第一番目に発見したヨーロッパ人というわけではなかったが、一八六〇年一月にアンコールを訪れ、翌年一一月一〇日、ラオスのルアンプラバンで熱病に冒され、三五歳という若さでこの世を去ってしまう。残された三年間にわたるこの旅行を記録した「日記」がその後ヨーロッパに持ち帰られ、アンコールは人々の注目を集めるようになったのである。

シエムリアプ滞在の五日間、私はバイクを借りてひとりで遺跡群を回った。ガイドしてもいいと、バイクを貸してくれる青年は言うのだが、日本を出る前から、とにかく遺跡はひとりで回ろうと心に決めていた。遺跡のなかに、自分というちっぽけな人間を置いてみて、空間と時間の大きさを感じてみたいと、柄にもなくキザなことを考えていたのだ。

その日、キムさんに見送られて、暗いうちにゲストハウスをあとにした。朝早く行けば、料金所のゲートは開いていてタダで入れると聞いたからだ。この見学料が遺跡保存の資金にもなるかもしれないのに、それを払わずに遺跡だけ見ようというのは虫のいい話だが、お金のある人にその役目を回そうと思う。私ばかりではなく、そこに泊まっていた外国人もみんな六時前には出発していた。みんなお金はないけれど、遺跡は見たいと切実に思っている真面目な旅行者たちである。

バイクのライトで前方を確かめながら進む。五キロほど町を北上すると、たしかにゲートはあったが、聞いた話とは違っていた。遮断機は道をふさいでいて、ちゃんと人もいるではないか。私は制服を着た男からバイクを止められ、料金所の小屋に呼ばれ、英語を喋る係員から料金リストを見せられた。蠟燭に照らされた紙には、

「アンコールワット二〇ドル」

「アンコールトム二〇ドル」

「バンテアイスレイ五ドル」

と遺跡ごとに値段が書いてあった。まるでレストランのメニューだなあと思いながら、私はとっさに答えた。

「きょうは、バンテアイスレイだけ行きますから、五ドルだけ払います」

「ほんとにバンテアイスレイだけですか?」
疑わしそうに男は私の顔を覗き込む。
「アンコールワットもトムも見てしまったし、きょうはバンテアイスレイだけですよ」
そして私は渡された藁半紙のチケットに有効期間を「三日間」とずうずうしく書いて、自分のサインをしたのである。
あとで知ったのだが、これは正規のチケットではなかったようだ。どうも、タダで遺跡に入ろうとする外国人がいることを知った係員の一部が、早起きして個人的にチケットを発行していたようなのだ。三日後、明るいときにこの料金所を通過しようとしたら、「いったい、これをいつ買ったのですか?」と聞かれて、何かヤバイなと直感した私は、「有効期間はちゃんと今日までと書いてあるじゃないですか」と強気で言い張った。しかし、その男にチケットを買い直すように注意されて、また「バンテアイスレイまで」と言ったら、「有効期間は一日だけですよ」と強く念を押されたのだった。よっぽどバンテアイスレイが好きなんだなと思われただろうか?いやそんなことはない。彼らだってその辺の事情は理解しているのだ。あまり突っ込むと、自分の首を締めることになってしまう。つまり、彼らのなかに料金を猫ばばしている人がいるかもしれないからである。

アンコールワットの夜明け

私はアンコールワットの西側の入り口にバイクを止めた。アンコールワットは東西一五〇〇メートル、南北一三〇〇メートル、幅一九〇メートルの堀に囲まれている。その堀を渡って塔門をくぐる。すると、ナーガ(蛇神)の欄干に縁どられた石畳の参道が真っ直ぐに伸びていて、突き当たりに、神殿がどっしりとした塊として立ち塞がっていた。このクメール語で「寺院のある都」を意味するアンコールワットは、スールヤヴァルマン二世

（在位一一一三〜四五年）によって建立されたヴィシュヌ神を祭る寺院であり、同時に王自身の壮麗な墳墓だったという。

薄紫に色づいた朝焼けの空をバックに、宇宙の中心、神々の住むメール山（須弥山）を象徴する神殿の五つの尖塔が、黒いシルエットとなって浮かび上がっている。尖塔は宇宙の山というよりも、宇宙に向けられたロケットのようで、まるで遺跡全体が発射台のようにも見えてくる。

私はひんやりと冷たい石の階段に座り、夜明けのドラマを待った。星が消え、やがて空は紫色からピンク色に変わり、太陽が顔を出す寸前、火が燃えたように神殿の背後が光った。まるでロケットが発射する瞬間のようだった。しかしアンコールワットを独り占めにしたといい気分になっていたのに、あたりが明るくなってみると、ドラマの観客は私ばかりではなかったことに気がついた。神殿の階段に西洋人の旅行者が、ふたり横になっていたのだ。彼らは私よりも早く料金所を通ってきた旅行者らしい。よく見ると彼らはタバコを吸っていたが、恐らくそれは普通のタバコではなくて大麻なのだろう。

太陽が昇って回廊に日が当たる。夜明け前はセーターが必要なくらい寒かったのに、ものの一時間で、汗ばむくらいに暑くなってしまった。

ジャヤヴァルマン七世が建立したアンコールトムに向かった。アンコールトムとは、クメール語で「大きな町」を意味するという。私は南門の四面仏の写真を撮る。農作業に行くのだろう、自転車に乗った地元の農民が門をくぐり、通り過ぎていった。そのあと観世音菩薩を祭る寺院バイヨンに行って、しばらくそこで時間を過ごした。五〇ある塔には、微笑をたたえた観世音菩薩の巨大な顔が四面に彫られている。だから合計二〇〇もの顔があるわけだ。ユニークといえばこれほどユニークな建築もないのではないだろうかと思うが、仏陀と一体になった王の威力がいまだに周りを圧しているようだった。

アンコール遺跡のなかを、普通に農民がバイクや自転車で走り抜けるという光景も見られる

バンテアイスレは、このアンコールの遺跡群のなかでも、ひときわ彫刻が美しいことで知られている。アンコールトムから北に約二〇キロ、ふたつほど村を通過するが、その道は乾季ということもあり、埃が五〜一〇センチも積もっていて、ただでさえ丸坊主のバイクのタイヤは、ちょっとでも気を抜けば、埃に滑って転倒してしまう。私も何度かヒヤッとすることがあった。

遺跡の入り口には事務所があって、そこで名前を記入させられた。石畳の参道を真っ直ぐに進んでいくと、バンテアイスレイとはクメール語で「女の砦」を意味するが、それに相応しいような薄ピンク色の神殿が目の前に現われ、精緻な彫刻に圧倒される。「東洋のモナリザ」と呼ばれる女神デヴァダーの浮き彫りもあった。一部は崩れていたり、蜘蛛の巣が張ったり、地衣類や藻類などでかさぶたになっていたりして、熱帯の時間を感じた。九六七年に建立されたというから、もうすでに一〇〇〇年以上経っているのである。

遺跡の周りには「危険、地雷あり」の赤いカードがいくつかドがっていた。まだ内戦時の地雷の撤去が済んでいないのだ。遺跡を守っていた兵士に、カードがなくても遺跡の周辺を勝手に歩き回らないようにと注意を受けた。とくに人が踏んだ跡がないようなところは、要注意だという。私は先に書いたように、カンボジアに入ってから下痢気味で一日に何回かトイレに行っていたが、さすがにこの周辺の草むらで用を足す気になれず、苦しい思いをした。お尻を丸出しにして地雷に吹っ飛ばされたりしたら大変だ。

プノンペンのクメール娘

アンコール滞在からプノンペンに戻ってきたが、前回泊まったキャピタルホテルはいっぱいだったので、中央市場の近くの安ホテルに泊まった。入り口にはクメール娘たちがたくさんたむろしていて、だれがホテルの従業員なのか、だれがそうじゃないのかわからない。彼女たちは、マッサージもやるが、夜の商売をやる娘たちだったということは、夜になってわかった。そのなかのひとりが、私の部屋にも訪ねてきたのである。
ドアをノックする音がしたので開けてみると、見覚えのある顔の娘が「マッサージ？」と言った。彼女もホテルの前でたむろしている娘のなかのひとりだった。私は彼女を部屋のなかに入れた。小さなバッグから取り出した、マッサージ用のオイルだろうか、それを私の背中に塗って、一〇分ほど、関節を曲げたり伸ばしたり、慣れた手つきでマッサージをしてくれた。
しかしマッサージが済んでも、彼女は部屋を出ていこうとはしなかった。これは常識ではコースになっていて、マッサージの次は、お決まりのメニューだからである。私はそのメニューの話をそらして、無理やり別な話題を始めた。しかし、彼女は英語ができるわけでもないし、タイ語もわからない。クメール語は私のほうがわからないので、会話といっても、数字と絵を書いた筆談になった。
彼女は二五歳、お父さんは七三でお母さんは七八だという。お母さんが五三歳のときの子どもということになってしまうが、本当だろうか？　いや、もしかしたら養子かな？　といろいろと想像する。兄弟姉妹は六人いるという。彼女は文字が書けない。数字さえもやっと書ける程度だ。両親の年齢も間違って書いたのかもしれない。
彼女は、自分のことを指差して、
「クマエ……ノー・ヴィェッナーム」
と言う。クメール人で、ベトナム人ではないと言っているようだ。彼女は色は浅黒いし、身体つきもズングリしていて、サロンを腰に巻いている。バンテアイスレイで見たデヴァダー女神像と、顔はちょっと違うが、少なくとも身体つきはそっくりなのだ。どこから見ても典型的なクメール人ではないか。それなのに「ノー・ヴィェッナーム」とわざわざ断るのはどうしてなのだろう？と思った。
実は当時、プノンペンには国連景気を当て込んだベトナム人の娼婦たちがたくさん住み着いて、町の北側に一大歓楽街をつくるまでになっていた。それでカンボジア人は、ベトナム人を嫌っているという事情があるので、自分がベトナム人ではないことを強調したのではないだろうか？
彼女はそのうち私の荷物を物色し、シエムリアプで二ドルで買った、カンボジアシルクのチェック模様のスカーフが欲しいと言い始めた。ずうずうしいにも程があると、私は初め拒んだが、彼女はしっかりとそのスカーフを自分のバッグに入れてしまった。だんだん鬱陶しくなって、スカーフはあげるから出ていってくれ、と彼女に日本語で言った。彼女は、黙ってそのまま部屋から出ていった。
次の日の夜、部屋に戻って日記を書いていると、またドアをノックする音。「開いていますよ」と言うと、例の娘が私に挨拶もせずにツカツカと部屋のなかに入ってきて、部屋の隅にある一畳ほどの狭いトイレのなかに消えた。二分ほどで出てくると、小物入れから綿布を出して水で濡らし、部屋に備えつけの卓上の鏡を見ながら顔を拭いた。私は日記を書いているふりをして、チラッと彼女の小物入れを覗いた。歯ブラシ、歯磨き粉、そしてコンドーム……。
彼女は、顔を整え終えると、鏡の近くに置いてあった私の旅行用目覚まし時計を指差して、
「トライ・ポンマーン？（いくら？）」
と聞いた。スカーフだけで満足せずに、今度は時計もねだるのか？　私は覚えたてのクメール語で、これは高いんだからあげないよという つもりで「ドープ・ダラー（二〇ドル）」と答えた。すると、彼女は意外にもフーンという顔をして、別にそれ以上興味を示さずに、黙って部屋を出ていってしまった。
いったいなんなのだろう？　ここは公衆トイレではないのだ。勝手に入ってきて、用事を済まして勝手に出ていく。私が商売の相手にはならないと、とっくに諦めたのだろう。それにしても現金なもので、商売にならないとわかった途端、彼女はデヴァダー女神像のような、優しい微笑みは見せてくれなくなってしまった。

彼女は客をとったあとなのか、それともこれから客をとるのだろうか。さっぱり言葉も通じないし、意思の疎通なんてありはしないのだが、でも、彼女のような娘を見ていると「生きているな」という感じがしてしまう。どうしてそう感じるのだろう？　たぶん、やっていることがどうであれ、善いとか悪いとかいう以前に、とりあえず、今現在やらなければならないことが、彼女にははっきりわかっていて、それをやっているからではないかと思う。とにかく私は「頑張りなよ」と言ってやりたい気分になった。

チュレンチャムレの巨大魚

チャム族の先生

二年前の一九九二年、チュレンチャムレのあるモスクを訪ねたとき、マレー語やアラビア語を教えるサレさんという先生と知り合いになった。そのとき撮った彼の記念写真を持ってバイクタクシーの運転手、ジョンといっしょに再び訪ねたのだが、モスク裏にあるその学校に彼の姿はなかった。

それで彼の自宅を訪ねることにした。学校の裏側はトンレサップ川になっている。川に沿って高床の木造建築が並び、川岸には足で踏むとフカフカするくらい堆積したゴミと、細長い船がひっくり返されて並んでいる。川では洗濯や水浴びをしている女性たちの姿が見えた。ゴミのなかにはミネラルウォーターのビンがいくつもあった。だいたいは、タイやカンボジアで一般的に売られている白いビンだった。しかし、私が源流で流したのと同じような透明なビンも落ちていて、思わず目をこらしてしまう。泥に埋まっていたので、引っ張り出してみる。しかし、つぶれたそのビンのなかに、もちろん私が書いた手紙を発見することはできなかった。

昔ベトナム中部を中心に栄えたチャンパーの末裔のチャム族が、カンボジアの首都プノンペンからトンレサップ川を五〜一〇キロ遡ったチュレンチャムレ地区にも住んでいる。ポル・ポト時代は、極端な民族主義のもと、ひどい扱いを受けた。強制的に移住をさせられ、わずかな食料だけで重労働を強いられ、多くのチャム族が餓死をしたという悲惨な歴史をもっている。しかし八〇年代になって、彼らの精神的な象徴でもあるモスクが再建され、九〇年には学校もつくられて、ようやく彼らの新しい生活がスタートしているところである。

二年も前のことなので、サレさんの家がどこなのか忘れてしまった。でも、ある家のベランダに掛かるアラビア文字とカーバ神殿の額を見て思い出した。二年前と同じ額が飾ってあったのだ。

急な木の階段を上っていくと、奥からお爺さんが現れた。彼の顔は見覚えがある。サレさんのお父さんだ。そのあとお母さんもやって来た。

ジョンに通訳してもらいサレさんのことを聞いた。彼はプノンペンに行ってここにはいないが、あと三〇分もすれば昼食をとるために帰ってくるというので、私とジョンは近くで時間をつぶし、三〇分後再び訪問した。

サレさんは仕事から帰っていた。さっそく記念写真をあげた。彼はそれをあっさり受けとると、特別熱心に見ることもなくポケットにしまい込んでしまった。別に私は、抱きついて頬にキスされたいわけではなかったが、あまりにもあっけないので拍子抜けした。彼も、偶像崇拝を認めないイスラム教徒だから、写真は嬉しくないのだろうと、勝手に解釈し自分を慰める。

ベランダに車座に座り、彼の話を聞く。彼は学校の先生を辞めて、今はプノンペンで、バイクタクシーの運転手をやっていると言った。どうして学校の先生を辞めてしまったんですか？と私は聞いた。

「給料が安かったから」

とサレさん。五年前彼は、学校ができて初めての先生になった。彼は外国へ行ったことはなかったが、プノンペンでマレー語、アラビア語を勉強した。その当時マレーシア人の先生もいたという。二年前に会ったとき、教室では、女の子はベール、男の子は白いキャップを被って長机に座っていた生徒たちに、コーランを教えている最中だった。先生の給料は政府が払うわけではなく、村の各家が少しずつ出し合って払っている。しかし、その給料が安かった。それで仕事を替えた。
この村からもメッカに行った人はいるそうで、「金さえあれば行けるんだが」と彼はくやしそうに言う。
サレさんを訪ねたのは、このあたりで行なわれる漁について聞くためだった。単位水量当たり最大の漁獲高を誇るトンレサップ湖。雨季には増水したメコン本流の水が、トンレサップ川を溯ってトンレサップ湖に流れ込む。雨季が終わると、今度はまた湖からメコンへと水が流れ出すのである。このとき大量の魚が水といっしょに吐き出されるらしい。それで乾季には漁が盛んになると聞いた。
サレさんは奥の部屋からイスラム暦のカレンダーを持ってきて、それを見ながら説明してくれる。漁期は一二月一月二月の満月前一週間。一メートル以上の大きな魚も捕れるという。今はまだ一一月。一カ月後に再びここを訪ねることにした。
サレさんに食事をしていったらどうですか?と言われたが、今日は金曜日なのでモスクの礼拝を見てみたかったし、ジョンも「おなかは空いていないので」と言って断った。それでジョンのバイクに乗ってノロエッサン・モスクに急いだわけだが、その途中ジョンは私に苦笑いして言ったのだ。
「彼のところでは食べたくなかったから、おなかは空いていないと言ったんだけど、実は腹へって死にそうなんだ」
あとでわかったが、クメール族の彼は「屋台の物は汚い」と言って食べなかった。豚肉を使わないチャム族の料理とクメール族の料理がどれほど違うものか私にはわからないが、味覚の違いという以上に衛生的ではないというのが彼が断った理由かもしれない。ジョンはバイクタクシーのドライバーをやっているが、お父さんは車も持っているし、ある程度金持ちなのかもしれない。実はあとで知ったのだが、ジョンはれっきとした警察官だった。給料だけでは食べていけないので、バイクタクシーのアルバイトをしているのだという。

チュレンチャムレのモスク裏にある学校で、マレー語やアラビア語を教えていたサレさん

80年代になってモスクが再建、90年には学校もつくられて、イスラム教徒の新生活が始まったところ

モスクの礼拝は一二時から始まるので、結局ジョンにはその礼拝が終わるまで食事は待ってもらうことにした。近くに食堂らしいものも見当たらなかったからだ。

モスクに行くと頭にはキャップ、小綺麗なサロンを腰に巻いた男たちが集まっていた。スピーカーからコーランを唱える朗々とした声が響き渡った。二〇分くらい説教を聞き、そのあと静かに礼拝は続いた。クメール族のジョンがカンボジアの少数民族であるチャム族のモスクを訪ねたのは初めてだったようで、妙に落ち着きがない。うっかりして私も彼に言わなかったのだが、モスクに上がるとき、彼は靴を履いたまま上がってしまった。血相を変えたチャム族の少年が、すぐにジョンに靴を脱ぐように注意をしたようだが、ジョンもすぐ気がついて、素直に靴を脱ぎ、「しまった」と苦笑いをして、私を見ているのだった。

彼が私を案内するようになった最初の日、プノンペンのフェリー乗り場で、漁をしているチャム族を指して、半分馬鹿にしたように、彼らは少数民族で、仏教徒ではないんだ。だから魚も捕る。クメール族は魚は捕らないと私に説明した。しかしクメール族も魚は捕っているようだし、仮に宗教上の理由から捕らなかったとしても、食べることはするのである。

私がサレさんの家に行こうとしたときも、最初は嫌がった。いくら近くに住む隣人とはいえ、民族が違うとめったに訪ねることもないのかもしれない。その辺のふたつの民族間の微妙な距離感は外国人で滞在日数の浅い私にはよくわからないが、でもジョンの行動や顔つきを見ていると、決してチャム族の村に入るのが好きではなさそうだった。村に入っても、早く行こうとしきりに私をせかしたほどであった。ところが、サレさんの家に上がり込み、しばらくクメール語で話をしているうちに、彼の様子が落ち着いてきた。そして帰ろうとは言わなくなった。やはり話をしてみれば、だれだって同じ人間なのだから、彼がイメージするほど野蛮ではなかったと気がついたのではないだろうか。

漁期の賑わい

そういうわけで、私はひと月後、ベトナムの帰りに再びカンボジアにやって来た。

ホテルでバイクを借りて、再びチュレンチャムレを訪ねた。一カ月前と比べると船着き場も川に繰り出している漁民たちも桁違いに多かった。一カ月前の船着き場は早朝しか賑わっていなかった。しかし今回行ってみると日中も賑わっていて、次々に小船で運ばれてくる魚は陸揚げされ、そこで待機している人に売られていく。プノンペンから来たらしい仲買人はカンボジア紙幣のリエル札の札束をいくつも積み上げて一枚一枚数えている最中だった。魚はだいたい一キロ一〇〇〇～二五〇〇リエルで取引されていた。魚はバイクで、プノンペンへと運ばれていく。

船着き場からさらに上流へ二キロほど行ったところで、多くの漁民を見かけた。川には七軒ほどフローティングハウスも浮いている。

魚の捕り方は二種類あって、ひとつはフローティングハウスの手前、つまり上流に杭が一列に打ってあり、そこが網の入り口で、川を流れてきた魚はそこから入り、一〇〇メートル下流の籠にたまる仕掛けなのだ。それを定期的に引き上げて、籠に入った魚を捕る。もうひとつは一〇メートルほどの細長い船を流れるままに浮かべ、投網で魚を捕る方法。

フローティングハウスのひとつを訪ねてみた。ちょうど川に沈めた籠を引き上げようとしているところだった。

十文字のハンドルを回し網を引き上げ、網の先端についた籠から魚を床にあける。そこで魚の選別が始まる。四種類ほどの魚がいた。フローティングハウスの床下は生簀（いけす）になっていて、大振りの魚だけはそこに放り込んでいた。四〇センチほどの魚も生簀に放ったが、これは高価な魚で一キロ一万リエルもするという。普通の小魚が一キロ一〇〇〇リエルだから一〇倍もの高値である。網は一時間に一度上げるという。しかし魚の量が少ないときは二～三時間に一度上げるので、今のところ平均は一日二〇回くらい網を上げる。

フローティングハウスの端っこで日よけをつくり、そこで数人の男たちが寝ていた。彼らは六時間働き、六時間休憩するという具合に、仕事は夜も続く。

漁期は半年間らしいが、一番魚が捕れる時期は一月だという。そのときは一軒のフローティングハウスで一日五〇～六〇トンも捕れるのだという。今日はどのくらい？と尋ねると、一トンくらいだろうと答える。つい最近雨が降ってトンレサップ川が増水したので魚の量は少ないそうだ。

床下の生簀では三〇トンの魚を飼うことができ、ここで半年間飼って出荷する。つまり雨季で魚が少なくなったとき売りに出すわけだ。

いろいろと英語で説明してくれたチャム族の青年は、プノンペンの学生だが、学費を稼ぐためにアルバイトとしてこの仕事を手伝っている。このあたりで漁をしているのは、チャム、クメール、ベトナムの三民族と彼は言った。しかし一カ月前に訪ねたとき知り合ったフローティングハウスの主人は中国人だった。とにかくいろんな民族が混在して漁をしているのである。

次の日の早朝、再びこの場所を訪ねた。朝日が対岸から昇った頃で、早々と魚を買いつけにきたプノンペンの仲買人たちもいた。川岸には体長一メートル以上の巨大な魚がいくつか横たわっていた。買いつけにきた男は、最終的にはバイクの後ろにくくりつけた籠に四匹、前に二匹横に掛け、フラフラになりながら計六匹を運んでいった。

その後、別な巨大魚も見た。ちょうど重さを量っていた。一六キロもあった。一キロ一〇〇〇リエルなので、この一匹の値段は一万六〇〇〇リエルだ。魚の名前を聞いたら「ラップモイ」と言った。これがチャム語なのか

プノンペンから来た仲買人は札束を手にしながら、次々に小船で運ばれてくる魚を買い取っていく

クメール語なのか聞きそびれてしまった。
小魚は常時船で運ばれて船着き場で待つ仲買人に引き取られるが、大きな魚は次の日の朝まで生かしておいて、そこで売るらしい。頭を割られた魚からしたたる真っ赤な血がだんだん粘性を増して固まっていく。したたった血は地面にたまっていた。

外国人さえ来なければ

ところで、この日の夕方とんでもない事件にまきこまれてしまった。
一日二〜三回、男たち数人が小船に乗って一列に並び、網を持ち上げ棒でいっせいに叩くところを見かけたが、これは網にひっかかったゴミを取るための掃除だった。朝、船に乗せてくれた青年に再び頼み、このゴミを取るシーンを写真に撮るために、そこに近づいてもらったのだ。
朝は青年ひとりだったが、今度は弟だか友人だか知らないが、もうひとり一五歳ほどの少年を乗せた。その少年が舵取りを誤り、仕掛けの網に船を突っ込んでしまったのだ。小船は大きく揺れ、危うく転覆しそうになった。青年は慌ててスクリューを持ち上げ、網に絡むのを防ぐ。フローティングハウスからはオーナーたちの船がやって来て、私たちは連れていかれた。午前中英語で説明してくれたチャム族学生が通訳として呼ばれた。
オーナーらしいお爺さんは憤慨して言う。
「とにかく、あなたはもう少しで死ぬところだったんですよ。スクリューが網にひっかかれば、あんな小船はすぐに回転してしまう。今トンレサップ川はこんなに流れが速いんだ。泳いで岸にたどり着くのは無理なんです。確実に死ぬんですよ」
「あなたは外国人で責任はない。すべてはこのドライバーが悪い。地元の人間なんだから網のある場所もちゃんと知っていて、そこに近づいてはいけないこともちゃんと知っているはずだ」
通訳の学生もフローティングハウスのオーナーらしいお爺さんも、私に対しては笑顔で接し、ドライバーの青年と少年には厳しかった。
青年はしょげ返っている。最初、ドライバーは刑務所行きだとか脅かされたので、私は「あそこに近づいたのは私が頼んだからで、私にも責任はあるんだ」と青年を弁護した。そのせいかどうかしらないが、結局は許されて岸に戻ることになったのだが、しかし外国人に対して怒れないもどかしさがあるぶん、みんなはドライバーの青年と少年を集中攻撃してしまったようだ。
オーナーの船で送られて岸に戻ると、大勢の人が集まっていて、私を冷たい目で見た。
「あなたさえここに来なかったらこんな騒ぎにはならなかった」
みんなの目はそう訴えているようだった。ひとりの老人が私の顔を厳しい目つきで睨み、「帰れ！」という具合に手を振った。私はみんなの冷たい視線を浴びながら、バイクにまたがりプノンペンに帰ってきた。
私は図に乗りすぎたようだ。いい写真を撮るためだと言って村人のタブーを犯してしまったのだ。私が船を操縦したわけではないが、責任は私にある。
その晩、眠れない夜を過ごした。そういえば、この国はもともと豊かな国だった。いったいどうしてこんなに貧しい国になってしまったのか？　元をただせば、外国人がやって来てからではないのだろうか。
「外国人さえカンボジアに来なかったら平和だったのに」
いつの間にかそういうセリフとなって、頭から離れなくなってしまっていた。

メコンデルタ　一九九四年一二月

わかりやすくなったベトナム

二年前（一九九二年）初めてホーチミン市のタンソンニュット空港に降り立ち、同じようにタクシーで市街地に向かったことを思い出した。一〇年前の中国を見るような、得体の知れない、圧倒されるようなエネルギーを感じたのだった。

ベンタンマーケット側のバンカンホテルという古い宿に部屋を取り、遅い夕食をとるために街灯の少ない暗い通りを歩いていると、あちこちに小便や大便の垂れ流し箇所があり、強烈な臭い匂いに鼻が曲がりそうになった。日本製の中古バイクにまたがった娘が、「ミスター、二〇ドラー」と後ろから声をかけてきたりもした。子どもたちがお金をせびり、駄目だと言うと、バッグをとろうとする。三角帽子「ノン」を目深に被ったおばさん数人のスリ集団は、背の高い欧米人のズボンのポケットから金をすり、蜘蛛の子を散らすように街角に消えていった。

それから、今でもそのときのことを思い出すと腹立たしくなるのだが、市内で闇両替屋にまんまと五〇ドルを騙し取られた。男から渡された五〇ドル分の五〇〇〇ドン札と二〇〇〇ドン札を数えて枚数を確かめ終わったとき、「ポリスに見つかるとまずいから」と言われた。男はその札束を私の手から奪い取って新聞紙に包み、そして私に再び返した。とにかく闇両替屋に騙される話はよく聞いていたので、一瞬たりとも札束から目を離さなかった。ところが、である。ホテルに戻って新聞紙の包を開けて唖然としてしまった。札束は何と二〇〇ドンの小額紙幣に化けていたのだ。数えたら四ドル分しかなかった。まるで鮮やかな手品を見せられたようだった。あの学校の先生のような真面目そうな男性が、詐欺師だったとは、いや詐欺師はみな真面目に見えるのだという当然のことを忘れて、わずかばかりの利益に目が眩んだ自分の愚かさ加減をも思い出した。

当時と比べると、道路には車が多くなったようだ。もちろんバイクも増えている。人の格好もモダンになった。スリの集団や子どもの乞食たちもあまり目につかなくなった。日ごとに町の様子が変わって見えるほど発展の速度が著しく、経済的には世界中から注目を集めているベトナムは、メコン流域全体の発展の牽引力にもなっている。しかし二年前のような強烈な印象はない。それは二度目の訪問という私の個人的理由もあるだろうが、確実にこの国も、どこの国でもそうであるように、外国と交流が活発になるにつれて個性というアクを失い、普通の国へ、私たちにもわかりやすい国へと変わっているからだろうか。

一〇年前の中国も同じだった。町を歩けば、やたらと人々が唉を吐いている姿を目にし、買い物をしようとしても「メイヨー（ないよ）」だけを聞かされ、「何だこんな国、二度と来るもんか」と悪態をつきながらも、結局その三カ月後にはまた中国に来て、同じように文句を言っていた。しかし、それも今から思えば、良くも悪くもあれが中国の個性だったような気がして、懐かしささえ感じる。旅はしやすくなったが、その代わり世の中にはまだ自分の常識では計り知れない国が存在するのだという、強烈なカルチャーショックを覚えることも少なくなってしまった。この二年で変わったベトナムについても同じようなことがいえるのではないだろうか。

ホーチミン市の目抜き通りに面するレックスホテル前の広場は、日曜日になると結婚式をあげた初々しいカップルがホー・チ・ミン像の前に記念写真を撮りにくる。何組も何組も、白いウエディングドレスをまとった花嫁を、花婿や友人たちが囲んで、ワイワイはやしたてながら撮影をしている光景は、平和でもあり、ベトナムの経済成長を物語るひとつの象徴でもあるようだ。

国営デパートの外壁は外国企業の看板で埋め尽くされている。初めてホーチミン市を訪れた二年前よりも看板は確実に増えている。まるでその看板を眺めているように、ホー・チ・ミン像が立っている。生涯質素だったというホー・チ・ミンの像は、バイクのまき散らす騒音と排気ガスのなかで小さくなっているようにも見えた。

ベンタンマーケットとチョロンを結ぶ路線バスは、今回私が滞在中に、一部がエアコンバスに変わった。ビデオつきのバスで、お客のなかには白分の目的地も忘れるほど、じっとそのビデオの画面に見入っている中年男や、「ここに立つと危ないわよ」と自動ドアから降りようとするお客にいちいち説明するおばさんなど、なかなか楽しいバスである。料金はいきなり今までの二倍に上がり、その代わりというかビデオもエアコンもついたし、けばけばしいほど厚化粧をした女性車掌がニコニコして切符を売って回る。

まだ外国人がバス路線を覚えて乗りこなすのは難しいようだが、このバスなら簡単だ。たぶんバス路線はこの先ますます充実していくことだろう。ということは、今まで市民や観光客の足だったシクロが廃れるということを意味している。恐らくこれはアジアのどこの町でも起こったことだろう。香港では今、人力車は観光客が乗るだけになってしまった。東京でももう見ない。バンコクではエンジンつきのツクツクに替わった。アジア各国が共通して通過する道なのだろうか。

ふたりのコンパニオン爺さん

外国人が地方に行く場合旅行許可証が必要だった一九九二年にも、私は個人営業の小さな旅行社で車と通訳を雇って、メコンデルタを一周した。

そのときのドライバーはハーさん、通訳は六〇歳を超えたニアさんといった。ニアさんは以前学校の先生をやっていたとかで、ラテン語やフランス語までもできるらしい。もちろん英語の通訳ということで雇った彼は、たしかに英語はわかるようだが、それは「筆談すれば」という条件つきで、発音がベトナムふうなので何を言っているか聞き取れない。基本的な英語が通じないので困ってしまった。料金の安い小さな旅行社だから、当然質の高い通訳だとは思わなかったが、「それにしてもねえ……」というのが正直な気持ちだった。

たとえば、窓から撮りたい風景などがあって、止めてほしいとき「ストップ」と言っても、彼は惚(ほう)けた顔をして「パードン？（ええっ？）」と聞く。私は「ストップだよ、ストップ！」と言う。しかし彼は困った顔でこちらを見ている。「ストップ、わからないの？」と、何でストップもわからないのかなあとぶつぶつ日本語で文句を言いながら、急いで紙を出して「ＳＴＯＰ」と書く。彼はそれでようやくわかったという顔をして、「なるほどストップですね」と言う。それからおもむろにドライバーにベトナム語で何やら指示をする。そしてようやく車は止まるのだった。

しかしそのときには、すでに撮りたいものは車のずっと後方に去ってしまい、今さら戻って撮る気も失せている。私は諦めて「レッツゴー」と言う。するとまた彼は困った顔をして私を見て「パードン？」と聞くのだった。

最終日だったろうか、私が貸してあげた英文のガイドブックを熱心に見ていたニアさんは、おもむろに私にその本を返しながら、

「ベトナムはたしかにロンリープラネットですがね……」

と言う。何のことだ？と思いながら彼の顔を見ると、

「アメリカがベトナムをロンリープラネット（孤独な惑星）と呼ぶのは、きっとベトナムを世界のロンリープラネットにする陰謀に決まっているんです」

と言う。「違います、ロンリープラネットというのはガイドブックの名前で、ベトナムのことを指しているのではないですよ」と私は説明する。しかし彼はかたくなに、「いいですよ、慰めは」といった感じで手を振るのである。

万事がこんな調子だった。しかし、少なくとも私は彼に好感をもった。しきりに、私に仕事をくれてありがとうと言った。彼は学校を退職したあと、ぶらぶらしていたようだ。この仕事が、あの旅行社に行って初めてもらった仕事だという。なるほど、それじゃあ仕事に慣れてなくても仕方ないなと思ってしまう。メコンデルタの一泊一〇ドルの部屋を「あまりに高すぎる」と憤慨してフロントの人間に噛みついて、ドライバーのハーさんから外国人が泊まるところだから当然なのだと教えられて、ようやく収まるという一幕もあった。ホーチミン市の普通の会社員のサラリーが一カ月二〇〜三〇ドルというのだから、ニアさんが怒ってくれるのも、もっともなことなのだが。

こんなふうに一週間いっしょに旅をして、私は彼が通訳してくれることを諦めて、むしろ旅の道連れ「コンパニオン爺さん」と考えるようになっていた。今度来るときはもっとましな通訳を雇おう、もし同じコンパニオンなら若い女の子がいいなと思っていた私だが、二年後またデルタを回ることになって雇った通訳は、同じ旅行社に頼んだわけではなかったのに、またしても「コンパニオン爺さん」だった。今度の爺さんはフランス語のほうが得意だと言い訳をする英語の通訳で、名前をミンさんといった。

フェリー・物乞い・物売り

ホーチミン市からミトーを経由して、車はチャウドックへ向かっていた。将来河に架橋計画があるミトゥアンからフェリーに乗るのではなく、そのまま河の北岸を西に走り続け、ガオランという町を過ぎたところで、車はフェリーに乗った。

これがメコンの流れのひとつ、ティェンザンだ。河幅は一キロ以上はありそうだ。フェリーを降りてしばらく行くと、水田が水浸しになっていた。二カ月前の洪水で田んぼも道路も壊れたところは、田植えが始まっていた。水が引き始めたところは、田植えが始まっていた。

二度目のフェリーに乗る。メコンのもうひとつの流れ、ハウザンである。

メコンデルタを車で走っていると、小さい川や運河は橋が架かっているのでアッという間に渡り切ってしまうが、さすがにメコン河の本流ティェンザン、ハウザンともなれば、河幅が一〜二キロにもおよび、ここではフェリーが活躍している。

フェリーを待っている間や、フェリーが動きだしてからでもそうなのだが、とにかく物売りと物乞いは凄かった。

四、五歳の子どもの物乞いが、涙を流しながら車に近寄ってきて、窓から空缶を突き出して延々と何かを訴え続ける。車のドライバーが怒鳴って追い払っても何度もやって来る。たまりかねて窓を締め切ってしまう。クーラーなど当然効いていない古い車なので、窓を閉めた車内は蒸し風呂のようになり、顔や体から汗が出てTシャツの内側をツツーッと流れ落ちて、イライラしてくる。物乞いは諦めず、しばらく窓ガラス越しに訴え続ける。それでも駄目だとわかったら、ドンと車を叩いてどこかへ消えていく。ドライバーは青い顔をしてすぐ表へ出て、車に異常がないか確かめる。車にいたずらする物乞いもいるのだ。物乞いをするふりして、スキがあれば車内の荷物を盗むのもいるそうだ。

物乞いが去ったと思うと、今度は物売りだ。フランスパンや果物や飲み物ならわかる。しかし、あるばあさんなどは、生きたままの鳩のような鳥の、二、三羽足のところを縛ったやつを「さあ、買ってよ！」という勢いで窓から突っ込んでくる。もう、ドライバーも彼女を相手にしない。それで、売りつける相手は気の弱そうな私しかいないと思ったのか、車の後ろに座っている私の鼻先にその鳥の塊を突き出して、何やらベトナム語でまくしたてる。いったい外国人がこんな生きたままの鳥を買ってどうしろっていうのだ？　いや、それは買って食えということだろうが、明らかに言葉ができない外国人であることは彼女もすぐわかったようだし、それなら諦めてくれてもよさそうなのにと思う。

私は「わからない」と日本語で言う。それでもばあさんは喋り続ける。鳥が羽ばたいて、私の顔を撫でる。汗が目に入って霞む。イライラしてきた。そして、とうとう爆発してしまった。

「わからないって言ってんだよ！　こんなクソ鳥買ってどうするってーの？　うるさいから向こうに行けよ！」

日本語はわからなくても、怒っているという私の気持ちだけはわかってもらったようだ。おばさんはさすがに怯(ひる)んで私の鼻先から鳥の塊を引いた。突然大声を出したので、ドライバーもびっくりして私のほうを振り返った。

物売りもあんな鳥を売りつけるばあさんではなく、若い女性ならイライラもしない。それはドライバーも同じだったようだ。タバコを売りにきたその若い女性は、車のボンネットにベッタリと寄りかかり、鼻の頭に色っぽく汗をかいて、潤んだ目でジーッと彼を見つめながら「買ってよ」と甘い声で囁く。さっきまで大声を出して物売りや物乞いを追い払っていた彼とは別人ではないかと疑うくらい、優しい声で応対をしていた。そしてとうとうタバコを一箱買ったのだった。彼はさっそく箱を開け、タバコを旨そうに吸っていた。

私たちの車、水色の古いシトロエンを乗せたフェリーは、対岸の町ロンスエンまで約一五分くらいで着いた。河に沿ったマーケットも二年前と変わらずに活気があった。しかしフェリーを降りて一〇〇メートルほど進むと、だいぶ様子が変わっていた。幅の広い新しい道路ができていて、以前あったような古い町並みがそこにはもうなかった。ホーチミン市ばかりではなく、開発の速度はここでもかなり速いようだ。

市場からの帰りだろうか、ミトーの運河の小船で休憩する女性

ベトナムは商売に向かない？

ロンスエンの町でフラリと入った食堂が、客家人(ハッカ)経営の店だった。女主人は、私に中国語で「台湾から来たんですか？」と聞いた。いえ日本人ですと答える。女主人の名前はユイさんといった。

ユイさん夫婦には三人の娘があり、みんな食堂で働いていたが、彼女たちは客家語は話すことができるが、漢字は読めないという。一九七五年はベトナムの解放の年だったが、それからつい最近までベトナム政府は中国人に漢字の使用を厳禁した。おかげで娘たちは漢字がわからなくなった。しかし今は漢字を使うことが認められるようになって、娘たちは学校で漢字を勉強しているという。

彼女の両親は中国からやって来たが、ユイさん自身はベトナムで生まれた。七五年の解放直後、ベトナムを逃げ出した中国人も多かったが、今は戻ってきている人たちもいるそうだ。

これと同じような話を、以前ホーチミン市で訪ねた中国系寺院の男性からも聞いた。彼は七五年の解放のとき、お金のある中国人はたくさん国外に逃げたが、我われのような貧乏人は逃げられなかったのだと言った。その後中国語が使えずに、ようやく二年前（一九九〇年頃か？）から中国語の勉強が認められるようになったそうだ。

ところでユイさんは、「ベトナムはションイーには向かないとこですよ」と言った。「ションイー」という懐かしい言葉を聞いた。そうか、国を去ってもやっぱり中国人には「ションイー」が大切なんだな。

私が中国を旅行するようになって間もない頃、つまり、まだ中国語がよくわからなかった頃、ある町の旅社（簡易ホテル）に泊まったとき、同室になった漢民族の男は、私を地方出身の中国人だと思ったらしく「あんたは、いったい何のションイーでここへやって来たのか？」と聞いた。「ションイー？」いったいションイーとは何ぞやと思い、彼に聞き返すと、その時点で外国人だとバレてしまったが、彼は紙に次のような漢字を書いてくれたのである。

「生意」

生きる意味？　生きる意義？　辞書で調べてみたら、これが商売を意味する中国語だとわかって、私は中国人にとって金を儲ける「商売」が、「生きる意義」や「生きる意味」になっていることを知ったのだった。ラオスのコーン島のゲストハウスのおばさんも「ションイー」という言葉は使わなかったが、やはり金儲けをするために中国人は移動するのだと言っていた。

もっともこの先、ベトナムが経済的に発展していけば、彼女にとってベトナムは「ションイー」に向いた土地となっていくことだろう。実際この二年でロンスエンの様子もかなり近代的になってきた。新しく道がつくられ、古い建物も整理されているようだ。今のところ「ドイモイ（刷新）」は成功しているようだし、世界中のビジネスマンから熱い視線を注がれているベトナムなのだ。これまでできなかったションイーを精一杯やれる時期になってきたのではないだろうか？　ユイさんも充実した人生を送れるだろう。

メコンデルタの大運河

翌日、デルタ最南端のカーマウを目指した。前回はソクチャンまでで、カーマウまでは行かなかったのだ。ロンスエンを八時頃に出たが、出発して間もなく凄い雨になった。しかしこれも一時間ほどでやみ、青空が広がりまた暑い日になった。途中カントーの町を素通りし、フーンヒェップの水上マーケットに立ち寄った。

ここは運河が七方向から集まってくる地点で、橋から大きな運河が見下ろせる。幅一〇〇メートルの運河がずっと真っ直ぐに続いていて、遠くは霞んで見えなくなる。これを人間がつくったというのだから驚きだ。

人々は運河を伝って小船でマーケットまでやって来ると、その上で物を売ったり買ったりしている。小船に立てた竹竿に、グァヴァ、ミカン、ナス、サツマイモなどがぶら下げてある。それはその船の売り物を表わしていて、いわば「のれん」か「看板」なのだ。

客引きに誘われて小船に乗った。船を操るのは一八歳ほどの船頭だったが、彼の弟だろうか六歳くらいの男の子がいっしょに乗り込んだ。彼はどんぶりを手に持って慌ててやって来たが、一気にご飯をかき込むと、周りの小船にぶつからないように船を誘導していた。こんな子どもでもしっかり仕事はするんだなと感心してしまう。

ふたりとも英語はできない。二年前は、このマーケットを見にくる外国人はほとんどいなかったが、今は毎日来るようだ。こうした客引きは最近始まったばかりのようで、まだ英語を喋る客引きはここにはいない。外国人が前から訪れていたカントーやミトーとは違っている。しかしこの男の子が大きくなる頃には、彼は流暢な英語を喋るようになっているに違いない。この歳から外国人と付き合っていれば、すぐ英語は覚えてしまうだろう。

それにしても、船ではいろんなものを売っているものだ。果物、野菜、コーヒー、フランスパンを使ったサンドイッチ、ベトナムふうの麵「フーテュー」などなど。

私は近づいてきたコーヒー売りのおばさんからコーヒーを買った。ホットはない。濃縮した砂糖入りのコーヒーがビンに入っていて、氷を砕いて入れたビニール袋にそれをドクッドクッと注ぎ入れる。

メコンデルタが開発されたのはそう昔のことではない。二世紀初め、メコンデルタに「扶南」と呼ばれる国が生まれた。同じ頃、中部ベトナムに住んでいたチャム人がチャンパーという国を建てる。一七世紀頃から、チャンパーを打ち破ったベトナム人は南下を始めたが、サイゴン（現在のホーチミン市）などに軍事基地を置く程度だった。それまでは、メコンデルタにはクメール人が住んで細々と稲を栽培していた。一七世紀の終わり頃、明の復興を旗印に中国南部から逃れてきた中国人の一団が、軍事力を背景にメコンデルタに入植したが、これがデルタにおける最初の大量の植民となった。

ようやく本格的にメコンデルタが開拓されるようになったのは一九世紀、フランスの植民地になってからだ。

もともとは、デルタ各地に発生する反乱を鎮圧するためにフランスが軍事目的で運河を掘削したが、これが「通路」と「排水」というふたつの役割を果たし、メコンデルタは米作地として発展していったのである。

メコンデルタでは、縦横無尽に走っている運河が重要な役割をになっている。しかし気のせいなのかどうか、二年前訪ねたときは水上マーケットに集まってくる船の数はもっと多かったように思う。季節にもよるのだろうか？　この日は午前九時半というマーケットを見るには遅い時間だったので、一週間後カントーに滞在していたとき早起きして七時頃にも行ってみたが、やはり二年前よりも船は少ない。以前と比べて陸上の交通が発達してきたせいではないだろうか、と思うのだが……。中国雲南(ユンナン)省やラオスやタイでも、水上交通が廃れていく原因のひとつに、陸上交通の発達があったからだ。

外洋に出る船を見かける

クメール族が多く住むソクチャン郊外のドライブインで、カエル肉のカレーとご飯で昼食をとり、今度は南西に真っ直ぐ進む。バクリューを過ぎると道の両側に建つ民家の間隔もまばらになってきて、もちろん高い建物もないので、空が広く感じられる。収穫された米が集められ、袋詰めにされてトラックに積まれているところも見た。

カーマウの一〇キロ手前で網を修繕している集団がいたので寄ってみた。三〇人ほどの若い娘たちが網を繕っていて、男たちは漁船に氷を運び込んでいた。この漁船は外洋に出るのだ。一艘に一〇人が乗り込み、ベトナム近郊の海を二カ月航海する。

そうだった。南シナ海は近いのである。河に沿って旅を続けていたが、いつの間にか海に近づいていたのだ。

翌日、カーマウから船で南東に向かうことにした。そこにはマングローブの林とエビの養殖場があるのだ。

カーマウから大きな水路を下っていき、いくつもの分岐点を船は左右に曲がって進んでいったが、河を下っていたはずなのに、あるときふと気がついてみると、船は流れを遡っていた。恐らくこのあたりになると、どっちが上流でどっちが下流かなどということもなくなってしまうのだろう。潮の満ち引きで河の流れも変わってしまうのだ。

このあたりは水上交通が発達している。逆にいうと、水路が網の目のように走っている土地柄なので、自動車道をつくるのは難しいということなのだろう。船体に行き先を書いた水上バスと頻繁にすれちがう。岸に荷物を持って立っている人がときどきいて、彼らは手を挙げて水上バスを止めている。

「コンパニオン爺さん」のミンさんが買ってくれたサンドイッチを頬張る。ヌクマム（魚醬）がパンに染み込みすぎてしまい、グチョグチョしてちょっと気持ち悪い。私は基本的に何でも食べるし、決して舌が贅沢になっているわけではないが、さすがにこのサンドイッチだけは、はっきりいっておいしいと思わなかった。

ベトナム、カンボジア、ラオスはフランスの植民地だった名残で、フランスパンをよく食べる。街角には、焼きたてのフランスパンやサンドイッチ屋の屋台がたくさん出ている。本場フランスでも絶対お目にかかれない豚のモツにヌクマムをふりかけたサンドイッチなどがあって、初め驚いたのだが、そういえば日本にも「照り焼きバーガー」などというハンバーガーのメニューがあったなあと気がつき、食べ物も現地化して生き延びるのだと納得したのである。

ミンさんが、向こうに行ったら食べ物はないかもしれないですよと言うので、そのうち慣れて、このグチョグチョがたまらないとか言いながらおいしそうに食べる日が来るのだろうなと想像しながら、我慢して飲み込んだ。

水路の両側には民家らしい建物が見える。テレビのアンテナを立てたコンクリートづくりの立派な建物もあったが、椰子の葉で葺いた粗末な小屋もあった。しかしこの椰子は普通の椰子ではなくて、ここらでよく見かける

メコンデルタ　一九九四年一二月

カーマウの運河沿いは、陸上の商店街と同じように、雑貨屋、理髪店、
ガソリンスタンドなどもあって、一日中大小さまざまな船が行きかう

水のなかから生えている椰子だ。これを「ウォーターココナツ」と英語で呼ぶそうだ。この葉で葺いた屋根は意外と丈夫で、数年はもつらしい。
民家があるところには、かならず河にせり出した高さ一メートルくらいの椰子の葉で葺いた箱があった。それはトイレであった。
ちょっとした村を過ぎて水路はますます狭くなってきた。そのせいか船頭はスピードも控え目だ。とくにカーブではエンジンを切ることさえあったが、何度か対向船とぶつかりそうになりハッとしたこともある。
前方に丸太を渡した橋が見えてきた。ひとつ目は難なくくぐれたが、ふたつ目は水面から丸太まで一メートルしか隙間がなく、幌があるこの船は通れない。いったいどうするのか?と思ったら、船頭はこの幌を外し、私たちは頭をかがめて無事くぐることができた。これ以上増水したらもうくぐれない、ぎりぎりの隙間だった。

エビの養殖場

二時間ほどでタントゥアンという村の近くに着き、私たちは船を降りて村まで歩いた。途中白鷺のような純白の鳥が生息していて、それを見せるためにミンさんは気をきかしたつもりらしいが、バードウォッチングに興味をもたない私には、それらが果たしてどれだけ珍しい鳥なのか皆目見当もつかない。私は日本にいるとき、せっかく動物園に入っても動物を見ず、植物園に入っても植物を見ず、ただベンチに座って人の往来を眺めているので、友人からはどうして興味がないのか?と問われるのだが、自分でもよくわからない。別に動物や植物が嫌いだというわけでもない。ただ、それ以上に人間の行動のほうに興味があって、見飽きないのだ。
さて、そのタントゥアン村の入り口には教室が数個の小さな学校があった。門をくぐって中庭を進み教室で勉強をしている生徒の様子などを見ていると校長先生が現われて、私たちを職員室に招いてくれた。校長はだれかに命じて、半透明の濁った氷を入れたグラスにオレンジ色の清涼飲料水を注いで出してくれた。こんな田舎でも、やはりベトナムでは氷を使うのかと思った。さしずめ中国雲南省の田舎なら、これはホウロウびきのカップに入った熱いお茶である。

この校長はタンさんといった。一九八二年にハノイからここへ赴任してきたという。彼は話をするとき、背筋を真っ直ぐに伸ばして椅子に座り、組んだ手を机の上に載せて話す。話し方も穏やかで、微笑みを絶やさない。いかにも真面目な「北」出身の人という感じ。一方の「南」出身のコンパニオン爺さんはといえば、椅子に斜めにふんぞりかえり、サンダルを脱ぎ、かなり気楽な感じである。その対照的な姿がおかしくて、私は、子どもの頃クエン酸と重曹を混ぜてつくった自家製のサイダーの味を彷彿とさせるその清涼飲料水を口にしながら、ふたりを交互に見比べていた。私はベトナム語はわからないが、ふたりの喋り方の違いだけははっきりわかった。言葉もタンさんのほうが丁寧だったようだ。しかし、ふと二年前、学校の先生ふうの詐欺師にまんまと五〇ドルを騙し取られたことを思い出し、真面目そうな人間がかならずしも真面目ではないということを忘れがちな自分を反省するのであった。

先生は話す。この学校では四〇〇人あまりが学んでいる。六学年から九学年で、年齢にすると、一一歳から一六歳の子どもたちだ。学校は午前と午後に分かれていて、午前は六学年と九学年、午後は七学年と八学年生が勉強している。

隣の部屋で、突然大きな太鼓の音が鳴り響いた。次の授業が始まる合図だ。二、三人の先生も職員室を出て、受け持ちの教室に戻っていく。

このタントゥアン村の総人口は九六七〇人（一九九四年）だという。一九七五年以前、このあたりのマングローブ林はアメリカ軍の爆撃によって壊滅状態になったが、今は回復しているという。このあたりは、解放勢力のゲリラがたくさん身を潜めていた場所だった。だからアメリカ軍の攻撃も執拗さを極めた。枯れ葉剤などという最悪の兵器も使われた。
村の各家にはバッテリーがあって、それで電気とテレビをつける。夜でも真っ暗闇になることはないようだ。村から海までは一二キロ、マングローブ林はエビの養殖場になっている。タイの会社がエビの買いつけにきたが、日本の会社はまだ来ない。これから来るだろうとタンさんは言った。このあたりになると河の水に海水が混じり農業をやるのは難しい。河でも海の魚が捕れるという。そういうわけで住民のほとんどは漁民だ。
タンさんに案内されて、村のマーケットまで歩いた。もう朝の賑わいは過ぎた昼下がりの気怠い(けだるい)マーケット。タバコを売るおやじはハンモックに揺られて楽しい夢を見ているようだ。犬が河岸に打ち寄せられたゴミをあさっている。マーケットには野菜、肉、魚、薬などを売る店やカフェ、仕立て屋、床屋などもあり、基本的なものはすべて揃っている。
カメラを提げて歩く外国人が珍しいのか、みんなの注目を集める。写真を撮ろうとすると被写体の人物は照れて、周りの人間はワーワーとはやしたてて賑やかになる。私もみんなの暇潰しにはなれたようだ。
このタントゥアンの村からさらに海のほうへ向かった。エビの養殖場を見たかったからだ。さっきタンさんが言ったことを思い出し、河の水を手にとって嘗め(なめ)てみる。たしかに塩辛い。完全な海の塩辛さとは違うが、海の水が混じっていることには間違いない。これなら当然海の魚も捕れるだろう。風が強く、水飛沫がカメラにかかるので、急いでカメラをバッグにしまった。
かなり大きな漁船と二艘すれちがった。外海の漁から戻ってきた船だ。もう海は近いのだ。
二〇分ほど行くと、水路の幅は七メートルくらいになり、周りは水中から生えるマングローブの林になった。その先にエビの養殖場があった。船を小屋のそばに着けて上陸する。その養殖場はマングローブ林をつぶして養殖場にしたようだ。かなり広い範囲が平らにされていて、水路が切られている。養殖場で働く男は、この小屋で生活しているという。なかには小さなカマド、ベッド、食器や鍋など基本的な生活用品は揃っている。わざわざ日本から見学にきた私のためにと、親切にも水門を開けてエビの捕り方を実演してくれる。水門から流れ出す水に網を掛けて流れ出すエビを捕るのだ。しかし、五分ほどやってくれたが、捕れたエビは五〜八センチくらいのが三尾。聞いたら、つい二時間前にエビを捕ったばかりだという。男はそのときなら二〇センチ以上のロブスターも見られたのにと私を残念がらせたのだが、本当だろうか?

バクリューでも海に近いところはエビの養殖場になっていた。台湾人経営の養殖場跡もあった。聞くところによればメコン本流のティエンザン、ハウザンの河口にもエビの養殖場がたくさんあるという。メコンデルタの海に近い場所は、どこもかしこもエビ、エビ、エビである。その何割かは日本にも輸出されているわけで、彼らの生活を変えるほどの影響力(というか経済力)をもってしまった日本人だが、こんなところで、こんなふうにエビが捕られているのを知っている人間は少ないだろう。現に私もここに来るまでは知らなかった。別に私は自然保護主義者ではないが、こんな立派なマングローブ林を潰してまで、エビを食べたいと思う人間の気が知れない。とはいえ、私もエビは嫌いではないし、だから、今まで気がつかずに、マングローブの何本かを伐採する手助けをしてきたのだ。

かつてベトナム戦争時代、アメリカ軍は枯れ葉剤でマングローブ林に大打撃を与えた。しかし今度はエビのせいでマングローブ林がなくなっていく。枯れ葉剤でなくなったマングローブ林は二〇年も経てばまた再生してきたが、エビの養殖場で潰れたマングローブ林は半永久的に再生はしない。人がエビを食うのをやめるまでマングローブはもう生えてこないのだ。

メコン河口に立つ

河口へ下る交渉

雲の間に見え隠れする太陽を真正面に見ながら、船は河霧に包まれたティェンザンを下っていく。なまり色の水面は穏やかだ。ときどき手こぎの船や、比較的大きな漁船ともすれちがう。広々とした水の道が目の前に広がる。

しかし船のエンジン音が異常にうるさい。うるさい割りにはスピードが出ない。時速一〇キロ前後ではないだろうか。なるほどこれなら河口まで五時間はかかるだろう。私のガイド兼通訳をつとめるイー少年と船の持ち主のおじさんは、長丁場になるとのんびりと構えている。

メコンデルタをいっしょに回ったミンさんたちとは、カントーに戻った時点で別れた。私はしばらくカントー周辺に滞在してメコン河口を目指すつもりだった。

さっそくカントーの国営旅行社に行って、メコンの河口まで船で下れないかどうか聞いてみた。

「五人乗りのモーターボートを雇うなら問題ないですよ」

窓口の青年が口角に泡をためながら言った。カントーから河口までは約一〇〇キロ。普通の船では日帰りはできない。多少高い金額にも目をつぶって一気に行ってしまうことにして、彼にボートの手配を頼んだ。

そこにたまたまボートの船長もいたので、このボートで海に出ても波で転覆するようなことはないでしょうねと念を押した。すると、何をそんなに心配しているんだと、半ば意気地無しを見下すような目をして「大丈夫だ」と笑いながら言った。それで翌日の早朝出発することに決めた。

ところが、夕方ホテルに戻ってみると、旅行社の青年が私の帰りを待っていて、さっきは五人乗りのボートで大丈夫と言ったが、海に出るので一二人乗りの大きなヤツでないと危険だから、それだと料金は一〇〇ドルになると言う。だからさんざん波が高くても大丈夫か?と船長もいる前で確かめたのに、土壇場で変更する。まあこういうのは商売の常套手段かもしれないが、でもできれば安全に越したことはないので、OKせざるをえなかった。

ところがである。夜一一時過ぎ、蚊帳を下げて眠ろうとしていると、また彼が訪ねてきた。

「すいません」

今度は二〇人乗りのボートじゃなきゃ危ないとか言うのかなと思ったら、そうではなかった。

「この件はなかったことにしてください」

と意外なことを言う。前金として払っていた五〇ドルを私に返そうとしながら、

「河口には行けないんです」

と言う。理由を聞いてみると、許可証がいるのだそうだ。それじゃあその許可証を取ってくれと頼んだら、ベトナム人でさえ許可証がいる、外国人は難しくて取れない、無理に行こうとすれば途中にいくつものポリスのチェックポストがあって、許可証を持っていないと逮捕されると言う。その許可証を取る手立てはないのかと聞くと、絶対無理です、諦めてくださいと青年は申し訳なさそうに私の目を下から覗き込みながら言った。

ホーチミン市の国営の旅行社で聞いたら「今、外国人はどこへでも行けます。河口も行けますよ」と言っていたのだ。許可証が必要だなどという話は聞いたことがない。河口に行きたがらない別な理由があるのだろうか。

メコンの味

ミトーからなら河口までは四〇キロ。モーターボートなんか使わなくても行ける距離だ。ミトーの河べりを歩いているとき、声をかけてきた客引きのなかのひとりがイー君だった。彼は客引きのなかでも一番英語ができて、しかも信用できそうだった。一五歳くらいのイー君は小柄だが、なかなか賢そうな顔をしていた。

普通の観光客は、ミトー周辺の運河や川を巡ったり、ココナツだけ食べて世界平和を説いた「ココナツ教」の島を見学したりするのだが、私はメコン河口まで行きたいのだと言った。彼は私の申し出に少し戸惑いの様子を見せたが、すぐに「わかりました」と言った。せっかく見つけたお客をみすみす逃すようなことはしない。ベトナム人は商売上手なのだ。

「ちょっと大きめの船で行くなら問題ないですよ。小さい船じゃあ日帰りはできませんから」

翌朝の六時に出発することを約束した。

七時過ぎに太陽が完全に雲から出た。途端に暑くなる。シャツを脱いで、ホーチミン市で一ドルで買ったTシャツになった。太陽の光が河面に強烈に反射して、波がキラキラと輝いている。天候に従ってティェンザンはさまざまな顔を見せる。

船は右岸に沿って走った。小船が点々と浮かんでいて漁をしている。河口のほうから長さ二〇メートルほどの水上バスがやって来た。乗客や荷物を満載している。なかが一杯だからだろうか、三人の男が船の屋根の上に座っている。

このあたりがティェンザンの最大幅なのだろう。河幅は三～四キロありそうだ。しかしこれでもメコン全体の四分の一か五分の一程度なのだ。メコンの一部でしかないと考えると、とてつもない大きな河だと改めて驚かざるをえない。

河はやがてふたつの流れに分かれる。私たちの船は右の流れを下っていく。地図を見ると、河の名前は、クアダイというらしい。左右の流れを分ける真ん中の中洲は、河口まで三〇キロ以上も続いている。中洲と呼ぶには大きすぎる。

河は再び穏やかになった。河霧はまだ完全には晴れていない。ひとつ帆掛け船を追い越した。後ろにはお父さん、前には女の子が櫂（かい）を使ってこいでいる。どこまで行くのだろうか？

椰子を焼いてつくる炭の工場だという建物が河畔に建っていて、煙突からは灰色の煙を立ち昇らせていた。出発して三時間がたち、かなり海に近づいているはずだが、波はない。ずいぶん穏やかだね、とイー君にエンジン音に負けないくらい大きな声で私は叫んだ。

舵をおじさんに任せたイー君は船首のほうに座っている私のところへやって来て、耳元で言った。

「あなたは運がいいですよ。昨日までは天気が悪くて波もあったし、河口は危険で行けませんでした。今日は特別風のない日です」

岸を見ると、水椰子の根や泥などが見え、満潮時より六〇センチくらい水位は下がっているようだ。イー君によれば、河の水位の変化は毎日二回あり、一時間ずつずれていくという。

船べりから河のなかに指をつけ、水を嘗めてみた。塩辛くはなかった。無味というわけではなく、渋みというか苦みというか微妙な味がした。四二〇〇キロの途中で生まれたすべての味が、混じりあった味。

大型の外洋漁船がたくさん停泊するビンダイという村で一休みすることにした。船を着けられる場所を探してクアダイに注ぐ支流を遡っていく。しかしちょうど潮が引く時間らしく、その河の流れはだいぶ速く、馬力のない私たちの船はなかなか前に進まなかった。わずか二〇〇メートルの距離に一五分も費やしてしまった。

ようやく見つけた場所に船を着けて上陸した。河べりに二軒飲み物やフランスパンを置いてある店があって、私たちはその一軒の椅子に腰掛け、甘いオレンジの清涼飲料水で喉を潤した。ついでにフランスパンを買って食べる。

店のおばさんはイー君に何か聞いている。「ニッポン」とか聞こえるので、私が日本人だとかいう話題なのだろう。おばさんにメコンの河口までどのくらいか？と聞いた。すると私たちの船を見て、あれならあと一時間だねと言う。

河口の静寂

左の岸は霞んで見える。前方には陸地らしいものはもう見えない。いよいよ海が近いようだ。何艘か大型の漁船とすれちがう。漁船はコンダオ付近で漁をして、これからミトーやビンダイに帰るのだという。柱に下げた一メートルほどの魚の鱗がキラリと光る。カメラを向けると、船員のひとりが自慢するようにその魚を指差す。そして手を振る船員たち。ロープの先端につけたバケツで河の水を汲み、石鹸をつけた身体にバサーッとかける男も、白い歯を見せた。

カントーの旅行社の青年は、河口にはポリスのチェックポストがあり、許可証を持っていないと捕まってしまうと言っていたが、それらしいものは見えない。何でもかんでもきちんとしている日本とは違って、外国人が河口に行っていいのか悪いのか、状況が刻々と変わっているベトナムでは、たぶんだれも知らないのだ。行けたら

河口を目指してメコン河を下る。海が近くなると、外洋から戻ってきた何艘かの中型漁船とすれちがった

行けたと喜んで、行けなかったら行けなかったと諦めるしかないのだろう。
午前一一時。左側に見えていた中洲がとぎれた。イー君が、とぎれた先端あたりを指差して言った。
「ブンタウの山が見える」
そう言われて目を凝らしてみると、たしかに岸のとぎれたずっと先に、うっすらと山並みが見える。ブンタウまでは直線距離で四〇キロ。地図によれば、クアダイの河口に出なければブンタウは見えないはずだ。ということは、ここは海に出かかったところだろう。
このあたりは遠浅のようで、水が引いた岸ではザルを持った人たちが一生懸命泥のなかから何かを捕っていた。イー君が彼らはエビや貝を捕っていると教えてくれる。
実は前日、私は陸路で河口を目指したのである。カントーでは許可証がないと河口には行けないと言われたし、ミトーからも河を下ってほんとに海まで出られるのかわからないので、まず念のために陸路で行っておこうと思ったのだ。
そこはメコンのいくつもある流れの一番北に当たる河口で、私が行った昼にはずっと沖まで潮が引いた遠浅の砂浜になっていた。海まで二キロはあっただろう。沖には大きな船も浮かんでいた。浜では蛤(はまぐり)のような貝を採っていた。貝を採っているところを三〇分ほど写真に撮っていると、遠くから大勢の人間が歩いてくるのが陽炎(かげろう)のように見えた。彼らは浜に着くと、そこで仲買人に貝の重さを量ってもらい現金に換えていた。一キロ約一〇〇〇ドンで取引されていた。
一一時四五分、とうとう右岸と左岸を結ぶ線を越えて海に出た。水の味をみる。たしかに塩辛い。紛れもなく海の水の味だ。ようやく河口に到着したのである。四二〇〇キロのメコン河に沿った旅の最終地点。船のエンジンを止めてもらった。

静かだ。まるで巨大なプールにでも浮いている感じだ。錨を下ろしたからには当然水は流れているのだろうが、どっちに流れているのか、よくわからない。船べりの水を見下ろすと、まるで熱い味噌汁のように泥が渦を巻いている。

海側の水平線は空の色と一体になって、どこまでが海でどこからが空なのか、わからない。強い日差しに頭がボーッとしてくる。

メコンは南シナ海に注ぐ。その河口は、荒々しい波にもまれ泡立っているだろうとずっと予想をしていた。

しかしこの海の穏やかさは何だろう。

私は何かを達成したのだろうか。それもわからない。あたりはまったく静かだ……。

あとがき（『メコンを流れる』所収）

メコン河をあとにして、雲南（ユンナン）省南部の山のなかへ入っていくと、そこにはアイニ族と呼ばれる少数民族が住んでいる。私はここで、彼らと正月を過ごしたことがあった。

役場のある村の広場では、竹筒を地面に打ちつけてリズムをとりながら踊るアイニ族独特の踊りや、独楽回し、ブランコなども行なわれて、みんな楽しそうだった。祝詞（のりと）のような歌がスピーカーから流れ、民族衣装に身を飾った女性がブランコに乗っていたが、しばらくしてブランコを降りたその女性は地面に着いた途端、フラフラになって倒れてしまった。あまりにも一生懸命に振ったので、目が回ってしまったらしい。

翌日、広場から四〇分ほど急な斜面を上っていった。そこに彼らの村があった。ある民家の軒下では、男ふたりが臼と杵（きね）を使い、彼らの言葉で「ホタン」と呼ぶ餅をついていた。日本人だとわかると、民家に呼ばれた。

高床式の家の二階部分は、男部屋・女部屋に分かれていた。私は男部屋に通され、主人や隣近所・親戚の男たちといっしょに、竹製の低くて丸いテーブルの前に座った。みんなはちょうど正月料理に舌づつみを打っている最中だった。六〇歳を越えた男は、かなり酒に酔っている。赤い顔をして、周りの男に何か大声で喋っている。テーブルの上には、日頃はめったに口にできないような、鶏や豚肉を使った数多くの正月の特別料理が並んでいた。その料理のなかに「ホタン」もあった。直径一〇センチほどの薄く丸い「ホタン」は軽く炒めてある。私は正月料理をおかずにして、ちぎって食べた。

トウモロコシからつくったという自家製の白酒（焼酎）を勧められる。アルコール度の高いこの酒は、喉と胃を焼きつくしそうな強烈な酒である。「ライ、ライ、ライ！」という男の強引な勧めに、つい酒を飲むピッチが上がってしまう。そのせいで、男たちの話し声もどこか遠くで聞こえるほど、私も酒に酔ってしまった。
一瞬自分がどこにいるのだろうか?と思った。そしてすぐにアニイ族の村だと気がついた。日本から何千キロも離れたメコン流域の山のなかで、こうして酔っている自分が不思議な感じがした。しかし、遠くに来ているはずなのに、どこか生まれ故郷に帰ったような安らぎも覚えるのである。それがまた不思議であった。メコン流域に何度も足を運ぶのは、きっとこのせいだろう。どこか懐かしい、ホッと落ち着けるこの匂いが、私はたまらなく好きなのである。
正月の行事が終わり山から下りると、町には人があふれていた。国境の交易も盛んになり、中国国内や外国からの観光客も増え、活気に満ちている。
メコン流域は、急激な近代化を迎えようとしていた。それにともなって、人々の暮らしも変わっていく。私はメコン流域に住む人々の間を漂いながら、新しい時代に向かう生き生きとした彼らの姿に接し、私自身も一種高揚感を感じたのだった。その一方で、アイニ族の正月の酒席のような、あの懐かしい匂いがだんだん失われていくことに、正直寂しさも感じた。「昔はのんびりしていて良かったなあ」などと、彼らが昔を懐かしむ日が、いつかここにもやって来るのだろか。

メコン源流のチベット高原で、自分の住所と「これを拾った人は次の住所に連絡ください」と書いた手紙を入れたミネラルウォーターのビンを、私は河に投げ込んだ。はたから見たら、何をやっているんだと思われたかもしれないが、私にはそうすることが必要だった。頭で考えていても、やらなければ何ごとも始まらない。結局、腰の重い私は、物ごとを始めるための一種の儀式として、ビンをメコンに投げ込むということをやらなければならなかったのである。自分でメコンの旅のスターターを鳴らしたのだ。
ビンを放り投げてから三年半が過ぎた。拾ったという連絡は、まだ届いていない。

激動時のメコン河を旅する

メコン河燃え尽き症候群

メコン河源流から河口までの旅を一通りやり終えたあと、縁があって写真集『メコン河　アジアの流れをゆく』とフォトエッセイ『メコンを流れる』を出版することができた。自分の旅を書籍という形にすることができたことが本当に嬉しかった。出版後、東京をはじめ、帯広、大阪、山形などで写真展を開くこともできた。

ところがである。写真展などが一段落すると、急に何もやる気が起きない時期が来てしまった。あまりにも全力でメコンを追っていたため、それが終わったあとのことまで考えていなかったからだ。「メコンがテーマ」という場合、写真のテーマ以上に、私の場合、生活のテーマにもなっていた。「メコン河燃え尽き症候群」とでもいえそうだった。写真集の出版から二年後の一九九七年のことである。

一年間ほど、写真どころか生活すべてに対してやる気が無くなってしまった。ある日の日記には「今日だけではない。毎日無駄にすごしている」と書いている。悶々とした日々が続き、焦りだけが募っていく。何かしなければと思うがやる気が起こらない。

そこで思いついた。「何かやらなければ」と思うから苦しくなるのだろうから、「何もやらない」と決めて過ごそうと。

日本では知人友人から電話があったりしてわずらわしいので、とりあえずどこか外国でじっとしていようと思った。それで滞在を決めたのがタイのノンカイだった。

どうしてここにしたかというと、メコン河の撮影のため訪ねたとき、河に面したゲストハウスがのんびりしていて気に入ってしまい、ゆっくりするならこんなところがいいなと思っていた。

そして、どうせ行くならカメラは置いていこうと決心した。カメラをまったく持たないで外国へ出たのは初めてのことだった。ちなみに、当時は当然携帯電話やスマホもなかった。

実は、これには自分なりの目論見があって、カメラを持たず何もやらずにいたら、きっとイライラしてきて、逆に写真が撮りたくなるのではないかと、ひそかに期待もしていたのだ。

「ノンカイ！」

朝七時半頃、首都バンコクから乗った二等寝台列車の車掌の声に起こされた。窓の外は太陽が出ていて眩しかった。日本の朝とはまったく違う。強烈な太陽光線のせいだろうか。南に来たという感じだ。

列車が駅に止まるとすぐにツクツクの客引きが入ってきた。二〇歳くらいの男が「どこへ？」と聞くので、「ゲストハウスがあるところ」と答えた。

駅から市内に向かうツクツクの客席から、進行方向左側に、木や建物を通して薄茶色のメコンが見えたときジーンとした。当時の熱い心がよみがえってくる。

何年ぶりだろう。一九九四年一二月にメコン取材を終了しているから、ここに来たのはかれこれ三年ぶりだ。あのときは、写真を撮る目的がはっきりとあった。今は？　あるもないも、そもそも今回はカメラさえ持ってきていない。
　なんとかそのゲストハウスは見つかった。メコン河に面したメコン・ゲストハウスというそのものの名前だった。河に面したテラスも部屋も三年前とほとんど同じである。見覚えのある女性が受付をやっている。コンセントから電気を取れるのを確かめて、メコン河に面した三部屋あるうち真ん中の一泊一〇〇バーツの部屋をとった。左側の部屋には欧米からの旅行者が泊まっている。
　それにしてもノンカイはどうしてこんなにも落ち着けるのか？　たぶん自分の肌に合うということなのだろう。大きくもなく小さくもない町。田舎の部分もあり、大きな河がある国境の町。ときどき通る船のエンジン音がなかなかいい。
　日中は観光客も多いから、食べる場所もたくさんあるし、それなりに質は高い。夜になれば、みんな帰っていくので、町のなかは静かになる。私はまったく静かな、たとえば、大自然のなかとかはあまり落ち着かない。ビーチはもっと落ち着かない。適度な雑音があるところが一番落ち着ける。そしてこの気候。暑くもなく、寒くもなく、ちょうどいい時期だ。
　昼、市場でハンガー、洗濯石鹼、歯ブラシなどを買ってきたあと一眠りした。冷房の効いた夜行列車で風邪でもひいたのか少し頭痛がした。薬を飲んで熱は下がったようだ。シャワーを浴びて今は気持ちがいい。ここの最高気温もわかったし、これなら暑さによる不快は感じずに過ごせそうだ。
　メコン河には西日がさしている。左後ろからの光で、右のほう、つまり下流のほうは空が反射して茶色と水色が細かに混じっている。
　右側の部屋にも欧米からの旅行者が入って、左右の欧米人たちがテラスでビールを飲みながら話をしているが、こういうときは英語がわからなくてよかったのかもしれない。意味がわかってしまうとつい彼らの話に耳を傾けてしまう。わからなければ、レストランから流れてくるタイのポップス同様、単なるＢＧ

Mになってしまう。今回は煩わされたくない、というのが本音だ。

夜、暗くなってから食事に出かけた。気に入った食堂が見つかるまで、だいぶ歩いてしまった。やはりイサーン（東北タイ）に来たのだから、もち米のカオニャオを食べたかったからだ。やる気がなくとも、食い意地だけは健在のようだ。焼き鳥の「ガイヤーン」、青パパイヤの辛い和え物「ソムタム」、牛の筋スープを頼んで五〇バーツだった。バンコクと比べたら物価は安い。昔入った喫茶店も変わらずにあったので、当時を思い出しながら、同じように甘いケーキを食べた。

こうして私は二〇日間ほど同じメコン・ゲストハウスの部屋に泊まり、食事以外はほとんど外出もせず、テラスで日がな一日メコンを眺め読書や日記を書いて過ごしていたのだが、いっこうに写真が撮りたくならないのだ。この荒療治で写真を撮る意欲を取り戻すという目的は果たせなかった。

それで私は悟った。「俺は、写真を撮らなくても平気な人間なんだ、何もやらなくても平気な人間なんだ」と。

このあと、いろいろあって、ようやく写真が撮りたいと思うようになったのは、それから一年くらい先になったのだった。

このときの燃え尽き症候群から立ち治ることができたのも、メコン河のゆったりとした流れを見ながら過ごした二〇日間に、少しは効果があったのではないかと思っている。

大河の流れというのは不思議なものだ。「滝」ともいわれる日本の急流の川とは違って、乾季は音も静かだし、流れも緩やかで自然と心も穏やかになる。せかされないとでもいおうか、何もせずにいても罪悪感を覚えない。私は大河というものに、自然に逆らわず、身を任せられるようなイメージ、聖も俗もみな平等に流し去りリセットできるイメージを抱いている。

再びのメコン

私は二〇一四年一月下旬、十数年ぶりで再びメコンに立った。今回のテーマは「メコン」ではなく「アジアの稲作・棚田」に変わっていた。タイに棚田と呼べる水田は少ないが、その代わり米食品のバリエーションの豊富さは日本以上かもしれない、だからタイは今回のテーマからも外せない。

昔とは違い、夜行列車がノンカイ駅に着いたとたんにツクツクのドライバーが車内になだれ込んでくるようなことはなかった。駅を出ると相乗りのツクツクが待っていたのでターサデット市場の入り口まで行ってもらった。着いたところはメコン・ゲストハウスの近くで、その界隈はなんとなく面影があった。

メコン河沿いは新しいプロムナードになっていて、レストランやホテルが並んでいる。当時とは河沿いの様子が変わってしまっていたが、メコン自体の雄大さだけは変わらなかった。

メコン・ゲストハウスは昔のような素朴で静かな雰囲気がなくなっていたので、市場の喧騒から少し離れたゲストハウスに宿をとってから、まず腹ごしらえしようと市場に戻った。タイの定番ライスヌードル「クエティゥウ」を食べたあと市場のなかを歩いてみた。

昔はもっと賑やかな市場だったような気がする。タイとラオスを結ぶメコンに架かる橋ができて、ここから船で対岸のラオスに渡る人間も少なくなった。とくに第三外国人は船でのラオス入りはできなくなってしまった。夜行列車でいっしょだった西洋人バックパッカーたちのほとんどは、ノンカイは素通りで、そのままラオスへ行ってしまう。それも町が静かになった理由のひとつかもしれない。

以前市場は、ラオスの布製品や銀を売る店が多かった。私もここでラオス製の肩掛けバッグを買った記憶がある。ラオスには簡単に行けない時代はこの市場がラオスを感じる最前線でもあった。最近は中国製の食品や生活雑貨用品が多くなっている。

メコンの夕暮れは相変わらず美しい。散歩する人も少なく、静かな雰囲気だ。
プロムナードをしばらく行くと屋台街があり、そのなかにミニチュアの寿司のような食べ物が売られていた。カラフルでかわいらしい。これは「米食品」としても面白い題材だ。好きなものを取って会計してもらう。載せたネタによって五バーツと七バーツがある。私は五個取って三四バーツだった。一応、タイ語でなんというか聞いてみた。女の子は照れたように「スシ」という。どうしてわかりきったことを聞くの？という表情にも見えた。
醤油とワサビもついてくる。食べたら、日本と変わらない寿司なのだ。もちろん、まったく同じ味というわけにはいかないが、タイふうにはしてないということだ。寿司といっているんだから寿司なのだが、なんだか裏切られたような感じだった。私は何を期待していたのか？　極端に甘かったり、ココナツ味だったりしたら、あぁタイふうだといって逆にもっと喜んだのかもしれない。

郊外のシーチェンマイでライスペーパーをつくる家族経営の小さな工場を見つけ、写真を撮らせてもらった。米粉のクレープのように薄く丸く延ばして蒸したあと、竹矢来に貼りつけ、天日乾燥させる。なるほど、ライスペーパーが太陽の匂いがするのはこういうつくり方だからなんだなと納得した。
それからノンカイに三日滞在し、クエティウづくりの工場なども撮影したあと、国際バスでラオスに入った。国境のタイ・ラオス友好橋でメコン河を渡る。タイ側の出国手続きもラオス側の入国手続きも簡単で昔の緊張感は微塵もない。
ラオスのイミグレを出て、三〇分ほどで、ビエンチャンの中心に着き、ネット検索していたホテルに行った。部屋は一〇万キープだから日本円で一三〇〇円ということになる。
夕方五時二〇分頃ホテルを出て、メコン河に向かった。日の入りは六時くらいだった。昔見たときと同じように、水が少なくなった乾季の河で魚を捕る人たちの姿が、真っ赤に染まった夕日にシルエットになって浮かび上がった。「メコンの夕日を見て死ね」こんな言葉はなかったろうかとふと思う。

メコン河沿いは、遊歩道になっていて、夕方から多くの屋台が出ている。そのうちの一軒で食事をした。この前訪ねたシーチェンマイが対岸に見えるはずだが薄暗い。あそこにライスペーパーの工場もある。まさかこちら側がこんなにも華やかだとは思いもよらなかった。昔とは逆だ。シーチェンマイから見たビエンチャンは薄暗かったのだ。

いや、発展はしているだろうとは予想していたが、想像以上だった。外国人の数も多く、ラオスがタイ化したともいえる。当時、ある旅行会社に勤めるラオス人が私にこう言ったのを思い出す。「タイのようにだけはなりたくないですね」と。タイ経済に飲み込まれることや開発の行きすぎを心配しての言葉だった。

たしかに二〇年前はメコンを挟んで、タイとラオスは明確に区別ができた。メコンは分断の河だった。ところが今は、二色の絵の具が交じり合うように境目が見えづらくなっている。交じり合って新しい色ができることに反発する人もいるかもしれないが、前向きに捉える国民もいるだろう。新しい色、すなわち新しい文化が生まれることは長い目で見ればいいことだと思いたい。

メコンの夕日を見ながら河沿いの御座に座ってビールを飲むのは最高だ。この時代を越えて感じる強烈な懐かしさはどこから来るのだろうか。メコンの魅力はここにあるのではないだろうか。表面的な変化とは別に、メコンという大河は、時代を越えて、文化を越えて、何か人間に安心感を与える包容力を感じさせる。

ホテルに戻ったとき、ロビーで偶然日本人と出会った。カンボジアにクメール語留学中の学生だ。ひき肉の香草炒め「ラープ」と揚げ春巻きをつまみにビールを付き合った。
最近の若者の外国旅行離れについて話題になった。「学生たちはもうネットでいろんなことがわかるので、わざわざ外国へ出たいとも思いません。外国へ出ることがプラスではなく、マイナスと考える学生もいますよ」という彼だが、どうして珍しいクメール語の留学を考えたのかは聞きそびれた。
二〇年で日本も変わった。当時は外国の情報がなかったぶん、好奇心が旺盛でバックパック旅行が流行した。ガイドブック『地球の歩き方』が若者の心を捉えて一大ブームとなったのも時代の要請だったのだろう。

訪日タイ人観光客

あれからさらに一〇年が過ぎた。
現在埼玉県に住んでいるが、写真撮影の仕事のために埼玉県内や東京都内の観光地に行くことも多い。インバウンド花盛りで、とにかく外国人が多くなっていることには、コロナ禍を除いて、数年前から気がつき始めていた。人にぶつからないように雷門から浅草寺に向かって歩き出すと、いろんな外国語が聞こえてくる。英語、中国語、ドイツ語、フランス語など。そのなかにタイ語もある。
この三〇年間でメコン流域の国々は大きな変化をとげたことは事実で、発展の様子や新しくできた中国のダムや世界的な気候変動による災害などのニュースを見ていたが、私はこの三〇年で日本を訪れる外国人の多さ、とくにメコン流域国も含む中国や東南アジアの観光客の多さに一番変化を実感する。
九〇年代、メコン流域を旅していた私は、タイには失礼な話だが、まさか三〇年後、これだけ多くのタイ人が日本観光している光景を想像できなかった。当時はタイを訪れる日本人はたくさんいたが、日本を訪れるタイ人はほとんど見かけなかった。当時の日本は浮かれていたのだ。円高でもあり、タイは物価が安い安いと、多くの観光客が押し寄せた。今は逆だ。日本に来る観光客が多すぎてオーバーツーリズム対策までしようとしている。

ちなみにＪＮＴＯ（日本政府観光局）が出している訪日外国人の年毎国別統計がある。私がメコンをテーマにしていたころ、一九九四年の訪日タイ人観光客は二万五五四二人、コロナ前の二〇一九年は一二四万六一四四人、二〇二三年に九四万二七六一人と激増している。

川越市の喜多院で、タイ人女性プクガイダーオさんと日本人男性のカップルと知り合った。男性に通訳してもらいながらプクガイダーオさんの話をうかがった。

彼女は首都バンコクとメコン河に面したノンカイとの中間地点、チャイヤプーム出身の三〇歳。日本の観光では、雰囲気のいいところや寺巡りが好きだという。日本の味噌ラーメンは一番の好物だ。ドラッグストアではお気に入りのお菓子や化粧品を買う。円安は日本観光の動機づけにもなっている。

タイ人のなかでもノンカイのあるイサーン（東北タイ）出身の観光客は築地に多いらしい。とくに寿司は人気だ。彼女たちが築地の海鮮レストランで食事をしたとき、周りのテーブルもイサーンからの観光客だったという。

昔ノンカイの屋台で食べたミニチュアの寿司に触れたが、当時はタイ人の、「寿司」に対する、もっといえば「日本」に対する憧れのようなものを感じたが、今や、現地に来て本場の寿司を食べているのを見ると隔世の感がある。

九〇年代のメコンを時折思い出す。激動の時代といっていいだろう。メコン源流さえまだ「発見」されていないという時代で、東西冷戦が終わり、ようやくメコン流域の各国が外国人旅行者も受け入れるようになった。そのタイミングで私も旅することになったが、それは私自身、写真家として活動を始めた時期と重なる部分があり、特別の思いを感じるのだ。

結局、その後テーマが「アジアの稲作・棚田」になったのも、もとはといえば中国雲南省で見た雲海に浮かぶ巨大な棚田がきっかけだったし、次の「犬像」はメコン源流のチベットやモンゴルで出会った遊牧民にあこがれて犬連れで日本一周の車中泊旅をしたことがきっかけだし、次の「狼像」は、犬像とはじゃっかん違った像に気がつき、それが狼信仰の狼像とわかったからだった。

こうして私のテーマは自然に流れてきた。心の奥底には常に「大河＝メコン」のイメージがあったような気がしてならない。

源流域の雑多(ザドウ)で私はメコン河にペットボトルを投げ込んだが、理由は自分でもよくわからずただ「やってみたかった」のだった。ゆらゆらと流されていくのを眺めていたが、これからメコン河沿いのいろんな国、さまざまな人の間を流れていくイメージがペットボトルを流す行為につながったのかもしれない。ペットボトルは私の分身だったんだなと、今になるとよくわかる。

しかしこれも今では褒められた行為ではなくなっている。海洋プラスチック汚染の大部分は世界中の河川から流れ出たプラスチックごみが原因だからだ。ここにも三〇年の歳月を感じるのである。

最後になりましたが、『メコン河』『メコンを流れる』はすでに絶版となり、今回三〇年前のメコン河の姿に再び光を与えてくださいましたイカロス出版の仲井裕一さん、勝峰富雄さん、そして編集を担当していただいた藤田晋也さんにお礼を申し上げます。

使用機材

Camera	PENTAX LX、PENTAX Z-1
Lens	PENTAX-A 24mm F2.8、 M 35mm F2、 F 50mmMACRO F2.8、 A★85mm F1.4、 A 200mm F4、 M★300mm F4、 FA ZOOM 28～105mm F4～5.6、 F ZOOM 70～210mm F4～5.6
Film	Kodak KR、PKR、KL、PKL、EPP

本書は、写真集『メコン河　アジアの流れをゆく』(1995年10月、NTT出版刊) と紀行文集『メコンを流れる』(1996年1月、NTT出版刊) を、一巻の作品として再構成したものです。多数の写真や新原稿「三〇年後の刊行に寄せて　激動時のメコン河を旅する」を追加したほか、全編にわたって加筆・訂正を施すなど、新たに編集しました。

〈カバー表〉
太陽が昇り、水鳥の羽ばたく音が響く。ラオス南部、コーン島の朝

〈カバー裏〉
多くの船で賑わうメコンデルタのフーンヒェップの水上マーケット

〈表紙〉
タイとラオスの国境をなすメコン河。小船の大きさと比べると川の広さがわかるだろう

〈扉〉
夕方の瀾滄江(ランツァンジェン)で洗濯や沐浴をするタイ族。中国雲南省、西双版納(シーサンパンナ)の橄欖壩(カンランパ)にて

〈目次〉
雨季7月の夕方、スコールが去ったあと、水を満々と湛えたメコン河を、夕陽のやわらかい光を浴びて1艘の船が滑るように通っていった。ラオスの首都ビエンチャンにて

〈第一章扉〉
中国青海省のメコン河源流部は扎曲(ザチュ)、または扎那曲(ザナチュ)と呼ばれる

〈第二章扉〉
ビエンチャンの夕暮れ。乾季には水が引いて中洲が現れる。夕景のメコン河の美しさには定評がある

〈第三章扉〉
どこまで行くのか、メコン河を下り南シナ海へ出ようとしたときに出会った小船

編集＝藤田晋也　仲井裕一 (イカロス出版)　勝峰富雄 (イカロス出版)
カバー・本文DTP＝藤田晋也

青柳健二（あおやぎ・けんじ）

1958年、山形県生まれ。メコン河流域の少数民族、棚田、犬像、狼像など、独自の視点で旅を続け、作品を発表し続ける「旅する写真家」。2006年、棚田学会賞受賞。
おもな著書に『メコン河　アジアの流れをゆく』『メコンを流れる』（ともにNTT出版）、『日本の棚田　百選』（小学館）、『アジアの棚田　日本の棚田』（平凡社）、『棚田を歩けば』（福音館書店）、『全国の犬像をめぐる　全国の忠犬物語45話』『犬像をたずね歩く　あんな犬、こんな犬32話』（ともに青弓社）、『オオカミは大神』『オオカミは大神　弐』（ともに天夢人）、『新編　オオカミは大神』（イカロス出版）などがある。

メコン・ザ・ラストリバー

無垢なる大河 旅の記憶

2025年3月10日　初版第1刷発行

著　者　青柳健二

発行人　山手章弘

発行所　イカロス出版株式会社
〒101-0051
東京都千代田区神田神保町1丁目105番地
contact@ikaros.jp（内容に関するお問合せ先）
sales@ikaros.co.jp（乱丁・落丁、書店・取次様からのお問合せ先）

印刷・製本　株式会社シナノパブリッシングプレス

Printed in Japan　ISBN 978-4-8022-1562-6